Bastian Lauchart

Projekt BM

AF874520

Bastian Lauchart

Projekt BM

Projektentwicklung unter Berücksichtigung architektonischer und wirtschaftlicher Einflussfaktoren

Lehrbuchverlag

Imprint

Any brand names and product names mentioned in this book are subject to trademark, brand or patent protection and are trademarks or registered trademarks of their respective holders. The use of brand names, product names, common names, trade names, product descriptions etc. even without a particular marking in this work is in no way to be construed to mean that such names may be regarded as unrestricted in respect of trademark and brand protection legislation and could thus be used by anyone.

Cover image: www.ingimage.com

Publisher:
Der Lehrbuchverlag
is a trademark of
International Book Market Service Ltd., member of OmniScriptum Publishing Group
17 Meldrum Street, Beau Bassin 71504, Mauritius

Printed at: see last page
ISBN: 978-620-0-27088-7

PROJEKT BM

GENDER ERKLÄRUNG

Aus Gründen des Leseflusses wird in dieser Arbeit auf die geschlechtsspezifische Differenzierung verzichtet. Entsprechende Begriffe gelten im Sinne der Gleichbehandlung grundsätzlich für beide Geschlechter.

Abstract

This master thesis examines a project development for a real estate in Bad Mitterndorf, Steiermark. The property is located in the south of market town Bad Mitterndorf and has a size of 17.000m² building land. The common tools of project development like a feasibility study, utilization concept and competitive and benefit analysis build the base for the draft.

The analysis results in a 3-star hotel with bungalows. The main factor for this decision is the conclusion of the competitive analysis, which reveals that the risk of existing competitive 4-star hotels is too high. Furthermore, the bungalow usage is based on the analysis of accommodation types, considering the development rates of utilisation capacity and bed occupancy, provided by the tourism association.

Moreover, the number of hotel rooms and bungalows is determined by calculating the possible buildable land under economic aspects.

The defined data leads to the creation of three drafts, which significantly differ in economic efficiency and architectural quality. The difference between these draft versions is then further displayed by the use of graphics, as well as atmospheric pictures and figures.

Kurzfassung

Die vorliegende Abschlussarbeit befasst sich mit der Projektentwicklung für ein reales Grundstück in Bad Mitterndorf, Steiermark. Das Grundstück liegt im Süden der Marktgemeinde Bad Mitterndorf und weist eine Größe von ca. 17.000m² Bauland und ebenso viel Freiland auf. Anhand der üblichen Werkzeuge der Projektentwicklung wie Machbarkeitsstudie, Nutzungskonzept-, Wettbewerbs- und Nutzwertanalyse wird eine Ausgangslage für einen möglichen Entwurf geschaffen.

Begründet durch den Analyseteil der Arbeit ergibt sich eine Nutzung in Form eines 3-Sterne-Hotels mit Bungalows. Maßgebender Punkt dieser Entscheidung ist das Ergebnis der Wettbewerbsanalyse. Diese ergab, dass das Risiko bei den 4-Sterne-Hotels durch die Konkurrenz zu groß war, daher fiel die Wahl auf das 3-Sterne-Hotel, welches mehr Potential bietet. Die Bungalownutzung ergab sich aus den Analysen der Unterkunftsformen mit Hilfe der vom Tourismusverband zur Verfügung gestellten Daten, wie Auslastungsentwicklung und Bettenanzahlentwicklung.

Durch Berechnung der möglichen bebaubaren Fläche wurden unter Einfluss wirtschaftlicher Aspekte eine Hotelzimmer- sowie eine Bungalowanzahl ermittelt.

Auf Basis dieser Daten werden drei Entwürfe erstellt. Diese unterscheiden sich maßgebend in den Punkten Wirtschaftlichkeit und architektonischer Qualität. Mittels dieser groben Entwurfsvorschläge wird anhand von Grafiken und Stimmungsbildern der zuvor genannte Unterschied veranschaulicht und ebenfalls in Zahlen festgehalten.

Projekt BM

Projektentwicklung unter Berücksichtigung
architektonischer und wirtschaftlicher
Einflussfaktoren

INHALT

01 Projektbeschreibung

1 Projektbeschreibung

Für diese Projektentwicklung liegt ein Grundstück mit einer Größe von 35.105,86 m² vor. Von dieser Grundfläche sind 17.842,81 m² als Bauland ausgewiesen, der Rest ist als Freiland definiert. Das Projektgrundstück liegt im Süden von Bad Mitterndorf im Bezirk Liezen, Steiermark. Bad Mitterndorf ist ein idyllischer Ort, welcher einen seiner wirtschaftlichen Schwerpunkte in der Tourismusbranche hat. Der Großteil der Besucher sind Gäste, die ihre Freizeit gerne in der Natur und den Bergen, verbringen sei es im Sommer oder in den Wintermonaten. Aufgrund der bestechenden Landschaft ist Bad Mitterndorf der perfekte Ort um sich aktiv in der Natur zu bewegen.

Der derzeitige Zustand des Grundstücks weist einen starken Pflanzenbewuchs auf, da sich dieser in den letzten Jahren uneingeschränkt ausbreiten konnte.
Da das Grundstück direkt an einem Bach liegt und an Mountainbikewege sowie Langlaufloipen angeschlossen ist, bietet es großes Potential. Dieses Potential soll anhand dieser Arbeit untersucht werden und eine mögliche Nutzung mit anschließenden Bebauungsvarianten ausgearbeitet werden.

Da es sich um eine ländliche Gemeinde handelt, welche eine kleinteilige bauliche Struktur aufweist, ist für die Wahl der Bebauung und der Lage am Grundstück mit viel Feingefühl vorzugehen, um eine Eingliederung in den örtlichen Kontext zu erreichen. Grundlegende Nutzungsgedanken für dieses Gebiet könnten eine Wohnbebauung sowie eine touristische Nutzung sein. Jedoch wird sich im Verlauf der Arbeit herauskristallisieren, welche Nutzungen am sinnvollsten sind.

Die Projektliegenschaft wird mit den üblichen Werkzeugen der Projektentwicklung wie Machbarkeitsstudie, Nutzungskonzept-, Wettbewerbs- und Nutzwertanalyse durchleuchtet und untersucht. Diese Analysephase soll eine mögliche Bebauung herausfiltern, dies soll unter dem Einfluss von wirtschaftlichen Faktoren sowie Umwelteinflüssen erarbeitet werden. Diese mögliche Bebauung wird anschließend in drei unterschiedlichen Entwürfen veranschaulicht. Des Weiteren wird anhand dieser Entwürfe der Unterschied infolge von wirtschaftlichen und architektonischen Faktoren dargestellt.

Ziel dieser Arbeit ist es, die erarbeiteten Rahmenbedingungen für den Entwurf so transparent und nachvollziehbar wie möglich zu zeigen und diese dann in die Entwurfsvarianten einfließen zu lassen. Des Weiteren sollten die Entwürfe Schwierigkeiten aufzeigen, welche sich aus dem Versuch ergeben, wirtschaftliche Aspekte in einem architektonisch hochwertigen Entwurf einzuarbeiten.

Beginnend mit der Machbarkeitsstudie erfolgt der Einstieg in den theoretischen Analyseteil der Arbeit.

02 Machbarkeitsstudie

2 Machbarkeitsstudie

2.1 Standortanalyse

Die Standortanalyse soll Rückschlüsse auf gegenwertige und zukünftige Qualitäten des betroffenen Standortes geben. Sie soll den Standort auf möglichst vielen Ebenen durchleuchten und für einen nachvollziehbaren Überblick sorgen. Dies bedeutet, es wird sich mit dem betreffenden Grundstück und seiner Umgebung auseinander gesetzt.
Die Umgebung wird hierzu noch in Makro- und Mikrolagen eingeteilt um sie besser zu differenzieren. Wie bei diesen Analysen üblich wird vom größeren zum kleineren Maßstab gearbeitet.[1]

2.1.1 Bad Mitterndorf

Bad Mitterndorf ist eine Markgemeinde in mitten Österreichs, sie liegt im Bundesland Steiermark genauer im Bezirk Liezen. Die Einwohnerzahl von Bad Mitterndorf beträgt 4.933 (Stand 01.01.17), diese verteilt sich auf eine Fläche von 196,17km^2. [2]

Geschichte:[3]

- 1147 erfolgt die erste schriftliche Erwähnung von „Mitterndorf". Dies findet im Zuge eines Geschenks, in Form einer Salzabbaustelle sowie mehreren Huben zur landwirtschaftlichen Versorgung, von Markgraf Otokar III, statt. Zur Zeit der Otokaren entwickelt sich die Steiermark zu einem eigenständigen Territorium.

1Vgl. Lechner 2010, 42-43.

2Vgl. Gemeinde Bad Mitterndorf Bevölkerung, http://bevoelkerung.at/gemeinde/bad-mitterndorf, 15.03.18.

3Vgl. Gemeinde Bad Mitterndorf, Geschichte, 2006, http://gemeinde.bad-mitterndorf.at/index.php?id=694&L=0Eduard%22, 21.03.2018.

- Um 1335 entsteht in Mitterndorf eine eigene Pfarre, welche von der Ennstaler Mutterpfarre Prügg abstammt. Um diese Kirche entwickelt sich der Ortskern des bestehenden Mitterndorf.

- Die Salinenwirtschaft bringt mit der Holzwirtschaft und dem Fuhrwesen auch viele Nebengewerbe in die Region, wie z.B. das Hammerwerk und die Pulvermühle in Grubegg, den Torfstich beim Ödensee und die Erzabbauversuche auf der Teltschenalm.

- Durch die Bauernbefreiung gehen 1848 die bestehenden politisch-rechtlichen Ordnungen der Grundherrschaft zu Ende, aus Steuergemeinden und Vierteln wurden politische Gemeinden wie Mitterndorf, Pichl-Kainisch und Tauplitz.

- 1875 gilt als Beginn des Sommertourismus in Mitterndorf, zugleich wird ein Fremdenverkehrsverein gegründet.

- Zwei Jahre später, 1877, wird die Kronprinz-Rudolf-Bahn eröffnet, welche eine starke Veränderung im wirtschaftlichen Bereich bringt. Dadurch entstehen neue Möglichkeiten wie Holzexport und Tourismus.

- Der Mitterndorfer Alpenverein gründet 1906 eine Wintersportabteilung, ein Jahr später wird die erste Schihütte auf der Rossalm und eine alpine Rettungsstelle eröffnet. 1909 finden im Tal die ersten Skirennen statt. Dies ist der Beginn des Wintertourismus in Mitterndorf.

- 1920 entstehen auf der Tauplitzalm neue Berghütten, dadurch wird der Wintersport weiter etabliert.

- In den 50er Jahren beginnt das Skifliegen am Kulm, ein weiterer Wintersport-Hotspot entsteht. Des Weiteren wird auch die Siedlung Grubegg (heute Neuhofen) errichtet.

- 1972 wird Mitterndorf zu „Bad" Mitterndorf, gleichzeitig werden erste Stimmen laut, denen der übermäßigen Bauboom und der verstärkte Tourismus missfällt. Mit dem Bau der Grimminghalle 1978 wird in Form einer Sport- und Veranstaltungshalle auch an die heimische Bevölkerung gedacht.

- 1982 wird Bad Mitterndorf zur Marktgemeinde ernannt.

Nutzungseignung:

Aufgrund verschiedener Rahmenbedingungen ist die Nutzungseignung für dieses Gebiet eingeschränkt. Diese Rahmenbedingungen sind Widmungen lt. Raumordnungsgesetz (ROG) sowie Sinnhaftigkeit unter Berücksichtigung der bestehenden Umfeldfaktoren und der Angebots- und Nachfragesituation.
Somit wird die Nutzungseignung hier nur grob umrissen, da sie in den späteren Analysen genauer herausgefiltert wird.

Da es sich um eine wachsende Gemeinde handelt, ist eine Wohnnutzung durchaus denkbar. Des Weiteren wurde der Tourismus in den letzten Jahren immer stärker, somit ist auch eine touristische Nutzung möglich.

Demographische Daten / Zielgruppe /Bevölkerungsstrukturen

	Wohnbevölkerung am 1.1			
	2017	2016	2015	2014
Wohnbevölkerung insgesamt	4.933	4.934	4.912	4.875
Geschlecht				
Männer	2.439	2.432	2.424	2.392
Frauen	2.494	2.502	2.488	2.483
Altersgruppen (Anteile in %)				
< 20 Jahre	17,5%	17,9%	17,7%	18,1%
20 - 65 Jahre	60,3%	60,2%	60,4%	60,4%
> 65 Jahre	22,2%	21,9%	21,9%	21,6%

Tab. 1 Wohnbevölkerung

Am 01.01.2017 zählt Bad Mitterndorf 4.933 Einwohner, dies bedeutet ein Plus von 58 Einwohner im Vergleich zu 2014. Allgemein ist ein leichtes Wachstum der Bevölkerung seit den letzten Jahren zu erkennen.
Die Aufteilung zwischen Männern und Frauen in der Marktgemeinde liegt bei einer Mehrheit von 55 weiblichen Einwoh-nern. Der größte Bevölkerungsteil befindet sich im Alter zwischen 20 und 65 Jahren, 17,5% der gesam ten Einwohner sind unter 20 Jahre und 22,2% sind über 65 Jahre alt.

	Bevölkerungsbewegung			
	2016	2015	2014	2013
Lebendgeborene	36	36	42	37
Gestorbene	35	44	40	43
Geburtenbilanz	1	-8	2	-6
Zuzug	254	254	253	232
Wegzug	257	224	220	184
Wanderungsbilanz	-3	30	33	48

Tab. 2 Bevölkerungsbewegung

Die Geburtenbilanz verzeichnet im Jahr 2016 ein leichtes Plus doch die Wanderungsbilanz ist mit drei Wegzügen mehr als Zuzügen im Minus. Diese verzeichnete in den Jahren davor ein kräftiges Plus. Im Allgemeinen ist die Bevölkerungs-bewegung anhand der vorliegenden Daten als gleichbleibend zu beschreiben.

	Bildung			
	2016/17	2015/16	2014/15	2013/14
Kindertagesheime	3	3	3	3
Kinder in Kindertagesheimen	102	97	104	95
Schulen	4	4	4	4
Schüler	306	308	313	316

Tab. 3 Bildung

Die Nachfrage an Plätzen in Kindergärten liegt im Schuljahr 2016/17 bei 102 Plätzen, diese Zahl unterlag in den letzten Jahren leichten Schwankungen, pendelt sich aber um die 100 Plätze ein.
Dem sind die drei bestehenden Kindergärten jedoch gewachsen. Im Vergleich zu den letzten Schuljahren hat sich im Jahr 2016/17 die Nachfrage an Schulplätzen verringert, daher können die drei Volksschulen in der Umgebung und die Neue Mittelschule Bad Mitterndorf ausreichend Plätze zur Verfügung stellen.

	Tourismus			
	2017	2016	2015	2014
Ankünfte gesamt in allen Unterkunftsarten	119.479	110.617	101.803	99.134
Nächtigungen gesamt aller Unterkunftsarten	470.255	445.150	419.972	420.746
Betriebe	208	204	208	206
Betten	4.043	3.932	4.042	4.037

Tab. 4 Tourismus

2017 beträgt die Anzahl der Nächtigungen 470.255. Im Rückblick auf 2014 ist das ein Plus von 11,8%, aufgeteilt auf alle Unterkunftsformen. Diese Nächtigungszahl verteilt sich ungleichmäßig auf die 208 Betriebe, welche Schlafplätze anbieten. Die Statistikzahlen den Tourismus betreffend werden in Kapitel „Angebot- und Nachfrageanalyse der Unterkunftsklassen" detaillierter behandelt.

	Soziodemografische Merkmale			
	2015	2011	2001	1991
Geschlecht				
Männer	2.437	2.394	2.421	2.338
Frauen	2.500	2.444	2.579	2.489
Altersgruppen				
< 15 Jahre	627	632	802	888
15 - 60 Jahre	2.858	2.872	3.037	2.956
60+	1.452	1.334	1.161	983
65+	1.086	1.022	836	719
Höchste abgeschlossene Ausbildung				
Allgemeinbildende Pflichtschule	22,3%	24,0%	32,8%	39,6%
Lehre	40,8%	40,7%	40,9%	38,0%
Fachschule	18,5%	18,4%	13,4%	12,1%
Allgemeinbildende Höhere Schule	4,3%	3,9%	4,1%	4,5%
Berufsbildende Höhere Schule	7,2%	6,5%	4,7%	2,6%
Hochschulverwandte Ausbildung	1,8%	1,9%	1,5%	1,2%
Universität	5,2%	4,6%	2,5%	2,0%
Familienstand				
ledig	35,1%	34,3%	32,1%	30,8%
verheiratet	47,8%	49,3%	53,5%	55,1%
verwitwet	8,4%	8,0%	8,4%	9,7%
geschieden	8,7%	8,4%	6,1%	4,3%

Tab. 5 Soziodemografische Merkmale

Altersgruppen:
Aufgrund der soziodemografischen Entwicklung ist eine Veralterung der Gesellschaft seit 1991 in Bad Mitterndorf zu erkennen. Die Anzahl der über 60-Jährigen ist von 1991 bis 2015 um 47,7% und die der über 65-Jährigen um 51,0% gestiegen. Gegenteilig verhält es sich bei den jüngeren Altersgruppen. Bei den unter 15-Jährigen ist im Zeitraum 1991 bis 2015 ein Minus von 29,4% entstanden. Auch bei den 15 bis 60-Jährigen finden wir eine negative Entwicklung von -3,3% vor.

Höchste abgeschlossene Ausbildung:
Der Großteil der Einwohner über 14 Jahre hat ihre Ausbildung mit einer Lehre abgeschlossen. Den zweitgrößten Anteil teilen sich die Absolventen der allgemeinbildenden Pflichtschule und der Fachschule.
Im einstelligen Prozentbereich bewegen sich die Einwohner, welche an einer allgemeinbildenden oder berufsbildenden-den höheren Schule, an hochschulverwandten Ausbildungsstätten und Universitäten abgeschlossen haben.

Familienstand:
Die Verheirateten bilden den größten Teil der Bevölkerung, danach kommen die Ledigen und der Rest ergibt sich aus Verwitweten und Geschiedenen. Diese Verteilung hat sich über die vergangenen Jahre kaum verändert.

	Sozioökonomische Merkmale 2015	2011	2001	1991
Allgemeine Erwerbsquote				
Insgesamt	50,9%	49,8%	48,0%	45,1%
Männer	53,4%	52,6%	53,7%	55,5%
Frauen	48,4%	47,1%	42,7%	35,4%
Erwerbsquote der 15 bis 64 -Jährigen				
Insgesamt	76,1%	74,3%	70,9%	67,5%
Männer	79,3%	78,1%	78,1%	79,9%
Frauen	73,0%	70,6%	63,9%	54,9%
Arbeitslosenquote				
Insgesamt	5,1%	4,2%	6,4%	7,3%
Männer	5,2%	4,1%	5,9%	6,1%
Frauen	5,0%	4,4%	6,9%	9,2%
Erwerbspersonen				
Insgesamt	2.512	2.410	2.400	2.179
Männer	1.301	1.259	1.300	1.297
Frauen	1.211	1.151	1.100	882
nach Wirtschaftssektoren				
Land- und Forstwirtschaft (primär)	7,2%	7,4%	9,2%	11,9%
Industrie, Gewerbe, Bauwesen (sekundär)	23,8%	25,9%	24,0%	25,4%
Dienstleisungen (tertiär)	69,1%	66,7%	66,8%	62,7%

Tab. 6 Sozioökonomische Merkmale

Allgemeine Erwerbsquote:
Diese liegt 2015 bei 50,9% der Einwohner und hat sich seit 1991 leicht erhöht. Im Vergleich zwischen Männern und Frauen liegen die Männer mit 53,4% Erwerbsquote etwas höher als die Frauen.

Erwerbsquote der 15- bis 64-Jährigen:
Sie hat sich in den letzten 24 Jahren um knapp 10% verbessert.

Arbeitslosenquote:
Die Arbeitslosenquote hat sich in den letzten Jahren leicht gesenkt und liegt 2015 bei 5,1%.

Erwerbspersonen:
Die Erwerbspersonen konnten seit 1991 ein Plus von 15,3% verzeichnen und teilen sich zwischen Männern und Frauen beinahe gleichmäßig auf. Der Großteil dieser Personen ist im Dienstleistungssektor tätig, der Rest ist im Industrie- und Gewerbebereich sowie im Bauwesen beschäftigt, eine kleine Anzahl der Erwerbspersonen im Land- und Forstwirtschaftssektor.

	Sozioökonomische Merkmale			
	2015	2011	2001	1991
Pendeltätikeit				
Erwerbstätige am Wohnort	2.331	2.262	2.183	1.969
Erwerbstätige am Arbeitsort	1.662	1.567	1.531	1.531
Gemeinde-Einpendler	461	446	337	*
Gemeinde-Auspendler	1.130	1.141	1.029	*
Pendlersaldo	-669	-695	-652	*
Einpendler in % d. Besch. am Arbeitsort	27,7%	28,5%	24,6%	*
Auspendler in % d. Besch. am Wohnort	48,5%	50,4%	47,1%	*

Tab. 7 Sozioökonomische Merkmale

Pendeltätigkeit:
Die Pendlerbewegung ist klar auf Seiten der Beschäftigten, welche aus der Gemeinde pendeln. Mit 1.130 Auspendlern ergibt dies ein Pendlersaldo von -669 Pendlern.

	Familien und Haushalte			
	2015	2011	2001	1991
Familien				
Familien insgesamt	1.396	1.391	1.468	1.338
davon: Familien mit Kinder	59,0%	59,7%	67,2%	70,9%
Ehepaare	65,3%	66,3%	70,5%	75,0%
Lebensgmeinschaften	19,2%	17,3%	11,6%	7,2%
Ein-Eltern-Familien	15,5%	16,5%	17,8%	17,8%
Durchschnittliche Kinderzahl in Familien	1,5	1,52	1,59	1,74
Privathaushalte				
Privathaushalte insgesamt	2.233	2.126	1.941	1.684
davon: Einpersonenhaushalte	37,0%	35,2%	27,3%	22,7%
Zweipersonenhaushalte	30,7%	30,3%	26,4%	25,4%
Dreipersonenhaushalte	15,8%	16,1%	21,5%	19,2%
Vierpersonenhaushalte	10,7%	12,2%	15,8%	18,5%
Fünf- und Mehrpersonenhaushalte	5,8%	6,2%	9,0%	14,3%
Durschnittliche Haushaltsgröße (Pers.)	2,2	2,27	2,58	2,84

Tab. 8 Familien und Haushalt

Gesamt findet man im Jahr 2015 1.396 Familien in der Marktgemeinde, davon haben 59% Kinder. Ehepaare sind die am häufigsten zu findende Familienform in Bad Mitterndorf, weitere sind Lebensgemeinschaften und Ein-Eltern-Familien. Die durchschnittliche Kinderzahl in den Familien ist seit 1991 leicht gesunken und liegt 2015 bei 1,5 Kindern. 2015 gab es gesamt 2.233 Privathaushalte in Bad Mitterndorf, diese unterteilen sich in Ein-, Zwei-, Drei-,Vier, Fünf- und Mehrpersonenhaushalte. Den größten Anteil nehmen die Ein- und Zweipersonenhaushalte ein. Umso mehr Personen desto seltener kommen sie vor. Die durchschnittliche Personenhaushaltsgröße beträgt 2015 2,20 Personen.

Fazit des Kapitels

Grundsätzlich ist ein leichtes Wachstum der Bevölkerung in den letzten Jahren zu erkennen, jedoch ist auch eine Alterung der Bevölkerung nachzuweisen.

Die Wanderungsbilanz der Bevölkerung in Bad Mitterndorf ist im Jahr 2016 negativ, was unter anderem an der erhöhten Arbeitslosenquote liegen kann.
Daraus ist zu schließen, dass ein Mangel an Arbeitsplätzen besteht, diese ist auch anhand der Gemeinde-Auspendler ersichtlich. Da die Erwerbsquote der Bevölkerung ansteigend ist, macht es durchaus Sinn mit diesem Projekt Arbeitsplätze zu schaffen.

2.1.2 Makrolage

Mittels der Makrolage wird das Land, die Region und sozusagen alles um Bad Mitterndorf herum genauer betrachtet. In diesem Fall liegt der Schwerpunkt auf den benachbarten größeren Städten und der überregionalen Infrastruktur. Des Weiteren werden die Wirtschaftsschwerpunkte der Region behandelt.[4]

Erschließung zu umliegenden Städten, Einkaufsorten

Liezen: [5]
Die Bezirkshauptstadt Liezen ist im Osten von Bad Mitterndorf die nächste Stadt und hat auf einer Fläche von 55,9 km² 6.854 Einwohner. Neben der Tatsache, dass Liezen eine Vielzahl an Arbeitsplätzen bietet, zeigen folgende Punkte auf, weshalb die Verbindung zu Liezen äußerst relevant ist:

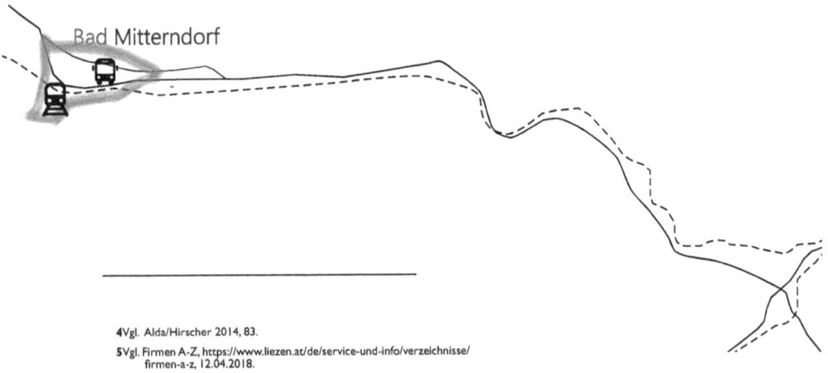

4 Vgl. Alda/Hirscher 2014, 83.

5 Vgl. Firmen A-Z, https://www.liezen.at/de/service-und-info/verzeichnisse/firmen-a-z, 12.04.2018.

Schule und Bildung:	Städtische Kindergärten, Heilpädagogischer Kindergarten, Kinderkrippe, Kinderhaus, Kindergarten Weißenbach, BAKIP, BHAK/BHAS, Neue Mittelschule, Volksschule, Musikschule, Sonderschule, Jugend am Werk Fachschule, Volkshochschule, WIFI
Einkaufen:	Arkade, ELI-Einkaufzentrum, zahlreiche Boutiquen, mehrere Möbelhäuser
Unterhaltung:	Kino, Kulturhaus, Bowlinghalle, Erlebnisalpenbad
Gesundheit:	zahlreiche Ärzte
Gastronomie/Nachtleben:	zahlreiche Bars, Pubs, Imbiss, Cafés, Gasthäuser und Restaurants

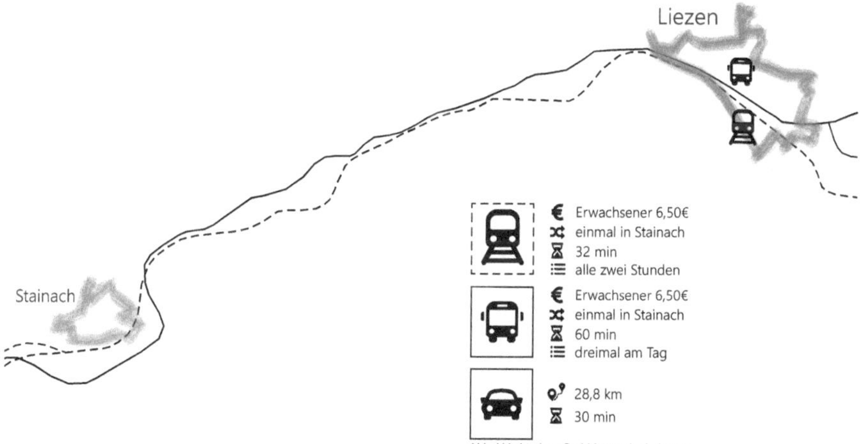

Abb. 1 Verbindung Bad Mitterndorf - Liezen

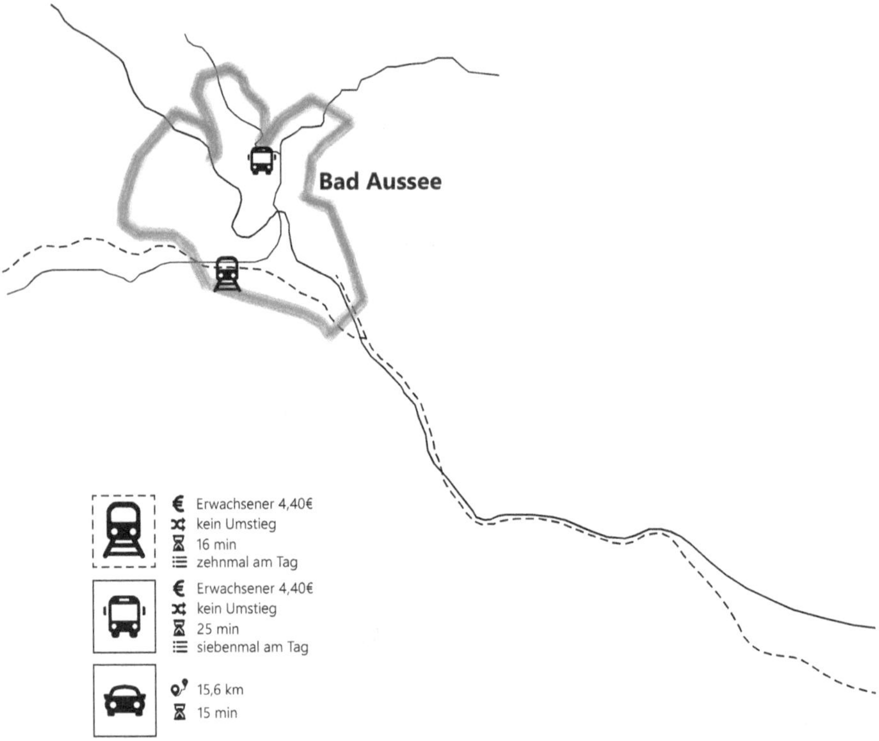

Abb. 2 Verbindung Bad Mitterndorf - Bad Aussee

Bad Aussee:[6]
Die Alpenstadt Bad Aussee ist die nächstgrößere Stadt im Westen von Bad Mitterndorf. Sie liegt inmitten des steirischen Salzkammergutes und hat 4.849 Einwohner auf einer Fläche von 82 km². Zusätzlich zum Arbeitsplatzangebot zeigen folgende Punkte, weshalb die Verbindung zu Bad Aussee äußerst relevant ist:

Schule und Bildung:	Villa Minna, Josefinum, Bunte Perle, Tagesmütter, Kikri Kinderwiese Volksschule, Neue Mittelschule, BORG, HLW, Musikschule
Einkaufen:	Drogerie, diverse Boutiquen, viele kleine Läden im Stadtkern
Lebensmittel:	Billa, Spar, Penny Markt, Unimarkt
Unterhaltung:	Golfclub, Narzissenfest, Jazzfrühling, Alpengarten
Gesundheit:	Landeskrankenhaus, Privatklinikum, diverse Ärzte
Gastronomie/Nachtleben:	zahlreiche Bars, Pubs, Imbiss, Cafés, Gasthäuser und Restaurants

6 Vgl. Chronik, http://www.badaussee.at/chronik, 12.04.2018.

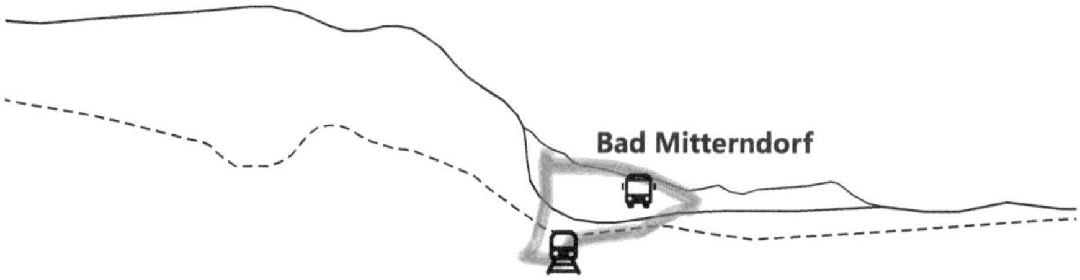

Überregionale Infrastruktur

Unter diesem Punkt wird die Anbindung zu einer internationalen Verkehrsinfrastruktur behandelt. Dies sind hauptsächlich Flughäfen und Bahnhöfe mit internationaler Anbindung.

Abb. 3 Karte Österreich Flughafen

Einzugsgebiet

Abb. 4 Ausschnitt Österreich - Einzugsgebiet

Wirtschaftsschwerpunkte

Die sozioökonomischen Merkmale für Bad Mitterndorf im Wirtschaftsbereich sind sinnbildlich für die gesamte Region, denn auch hier findet man die meisten Arbeitstätigen im sekundären und tertiären Sektor. Die Wirtschaftsschwerpunkte findet man entlang des Ennstals und des steirischen Salzkammergutes. Mit Liezen als Handels- und Dienstleistungszentrum sind auch Schladming, Rottenmann und Bad Aussee relevante Arbeitszentren.[7]

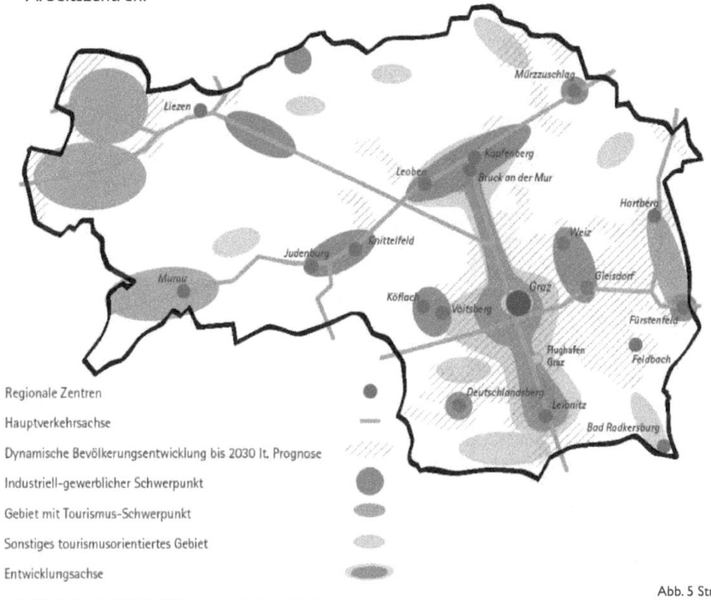

Abb. 5 Strukturbild - Stmk

7Vgl. Arbeitsmarktprofil 2017, http://www.arbeitsmarktprofile.at/618/teil_02.html, 25.04.2018.

Der Tourismus nimmt im Bezirk Liezen den größten Teil der Wirtschaft ein. Anhand dieser Abbildung ist ersichtlich, dass die Tourismusschwerpunkte entlang des Ennstals und im steirischen Salzkammergut liegen. Des Weiteren ist auch das Gebiet im Osten von Liezen als industriell-gewerblicher Schwerpunktbereich erwähnenswert.[8]

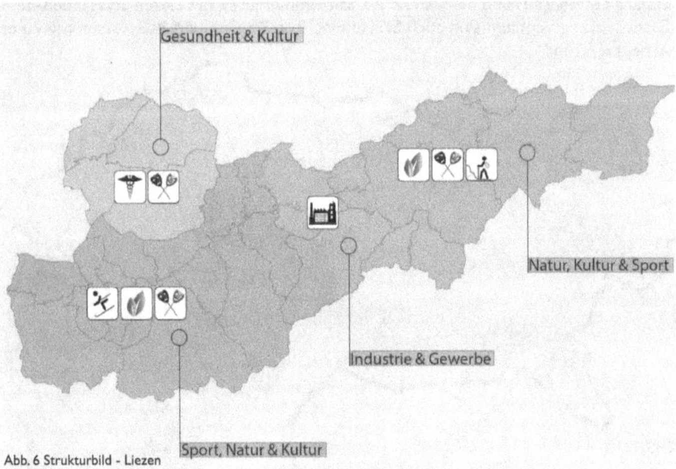

Abb. 6 Strukturbild - Liezen

Der Bezirk Liezen teilt sich in verschiedene Bereiche der Wirtschaftsstruktur ein. Diese sind meist in der Tourismusbranche, jedoch mit unterschiedlichen Schwerpunkten. Im Raum um das Ennstal überwiegt der Sporttourismus, welcher sich bis nach Bad Mitterndorf zieht. Im steirischen Salzkammergut findet man den Tourismus im Bereich Kultur und Gesundheit. Das Paltental und der Raum um Liezen sind von Industrie und Gewerbe geprägt und der Osten des Bezirkes besticht mit ländlichem Naturtourismus.[9]

8Vgl. Amt der Steiermärkischen Landesregierung 2011, 7.

9Vgl. Regionalmanagement Bezirk Liezen GmbH 2014, 16.

Regionales Entwicklungsleitbild Bezirk Liezen

Wirtschaft:

Da immer weniger aufgeschlossene Flächen zur Verfügung stehen, ist das Angebot an attraktiven Wirtschaftsstandorten im Bezirk rar geworden. Zusätzlich stehen die Standorte in nationaler und internationaler Konkurrenz. Aus diesen Gründen sollen Strategien und Entwicklungen nicht mehr nur von den Gemeinden sondern auf regionaler Ebene bearbeitet werden.[10]

> „Künftig sollen im Bezirk Liezen entsprechende Initiativen im Sektor der Standortentwicklung eingeleitet und verfolgt werden. Aufgrund der unterschiedlichen Wirtschaftsstrukturen und topographischer Verhältnisse müssen teilräumliche Schwerpunkte gesetzt werden. Das Ergebnis soll eine „Standortstrategie Liezen 2025" sein."[11]

Durch die verstärkte Vernetzung und Förderung bestehender Industrie-, Klein- und Mittelstandsunternehmen sollen Rahmenbedingungen geschaffen werden, die Neugründungen in den Bereichen Technologie und Kreativwirtschaft ansprechender machen.[12]

10 Vgl. Regionalmanagement Bezirk Liezen GmbH 2014, 12.

11 Regionalmanagement Bezirk Liezen GmbH 2014, 12.

12 Vgl. Ebda, 12.

SWOT-Analyse Wirtschaft im Bezirk Liezen:

Stärken	Schwächen
• Stabile Industrie- und stark wachsende Einkaufsregion • Hohes Angebot an Gewerbeflächen • Hohe Arbeitsproduktivität und gute Humankapitalbasis • Hoher Anteil an Facharbeiterinnen- und Meisterqualifikation • Breite und heterogene Wirtschaftsstruktur • Starke industrielle Basis	• Kaum hochqualifizierte Forschungs- und Entwicklungseinrichtungen im Bezirk • Geringe Anzahl an international bekannten Unternehmen • Demographie: negative Bevölkerungsdynamik • keine Verdichtung von Wirtschaftsbetrieben • Geringe Forschungsaktivitäten in den Betrieben • Teilweise Aussterben von funktionierenden Ortskernen
Chancen	**Risiken**
• Große Reserven an Betriebsflächen • Grundsätzliche Attraktivität des Standorts • Leitbetriebe als Wirtschaftslokomotiven • Heterogene Struktur • Forcierung der/des Standortentwicklung/ Standortmanagement/ Standortmarketing • Förderung von Forschung und Entwicklung	• Fehlende Weiterentwicklung der Verkehrs- und IKT(Informations- und Kommunikationstechnologie) -Infrastruktur gefährdet das Entwicklungspotenzial • Geändertes Kaufverhalten (Online-Kauf) • Ungünstige demographische Struktur und Dynamik • Abwanderung von Betrieben • Hoher Beschäftigungsanteil in Großbetrieben • Mangelnde Internationalität / geringer Bekanntheitsgrad abseits des Tourismus

Tab. 9 SWOT - Wirtschaft

Tourismus:

Der Grundleitsatz für den Tourismusbereich für Liezen lautet: „Verbesserung der Wettbewerbsfähigkeit und Ausbau zur touristischen Ganzjahresdestination".

Um die touristischen Stärken der Region publik zu machen wird mehr Wert auf Innen- und Aussenmarketing gelegt. Unter Innenmarketing versteht man die Stärkung des „Heimat-Gefühls" der regionalen Bevölkerung. Mit dem Aussenmarketing will man die Neugier der überregionalen Gäste wecken.

Die vom Tourismus beeinflussten Bereiche sollen besser vernetzt werden und miteinander kooperieren. Dazu gehören Gastronomie, Kultur und Landwirtschaft, aber auch die Almwirtschaft ist maßgebend für die Entwicklung des Tourismus.

Derzeit konzentriert sich der Tourismus verstärkt in der Dachstein-Tauern Region und dem steirischen Salzkammergut. In diesen Regionen nimmt der Tourismus, laut den Regionalprofilen, einen besonderen Stellenwert im Dienstleistungssektor ein.[13]

13Vgl. Regionalmanagement Bezirk Liezen GmbH 2014, 42.

SWOT-Analyse Tourismus im Bezirk Liezen:

Stärken	Schwächen
• Bekanntheit, positives Image der Regionen Schladming /Steirisches Salzkammergut • Starke touristische Kompetenz • Verbesserung des touristischen Angebotes • Hochwertige Tourismusinfrastruktur • Erstklassige Destinationen • Hohe Bettenkapazität • Beeindruckender Naturraum • Stetiger Bettenausbau	• Lücke zwischen touristischem Angebot und Angebot an Betriebe • Bereitschaft, im Tourismus zu arbeiten • Innerregionale Konkurrenzierungen • Kulturelle Sprachkompetenz bei Angestellten in Tourismusbetrieben • Starke Saisonlastigkeit • Hoher Tagestourismus
Chancen	**Risiken**
• Lokale Spezialitäten • Breites Angebot zwischen touristischen Zentren und stillem Erleben der Natur • Nähe zu Großräumen wie Wien, Graz, Linz, Salzburg, München • Größer werdender Trend zu Wellness, Genuss, Sinnlichkeit, sowie Sport in der Natur • Trend zu Kurzurlauben	• Bei Kleinbetrieben ist oft die Nachfolge nicht gesichert • Mangelnde Modernisierungsmaßnahmen und -bereitschaft seitens der Betriebe • Stillstand in der touristischen Entwicklung • Modernisierung der Betriebe oft nicht finanzierbar • Starker Preiskampf der Anbieter

Tab. 10 SWOT - Tourismus

Fazit des Kapitels

Die benachbarten, größeren Städte Liezen und Bad Aussee sind neben dem Arbeitsplatzangebot aufgrund der Bildungseinrichtungen, Einkaufzentren, Unterhaltungsmöglichkeiten, Gesundheitsinfrastruktur und der Gastronomie ebenfalls relevante Ziele. Daher ist eine Verbindung zu diesen Städten äußerst wichtig für Bad Mitterndorf.

Anhand der SWOT-Analyse des Bereiches Tourismus wird ersichtlich, dass sowohl Stärken als auch Schwächen im regionalen Tourismus zu finden sind.

Dadurch ergeben sich auch Chancen:

- Breites Angebot zwischen touristischen Zentren und stillem Erleben der Natur
- Nähe zu Großräumen wie Wien, Graz, Linz, Salzburg, München
- Trend zu Kurzurlauben

Jedoch gehen mit diesen Chancen auch Risiken einher:

- Bei Kleinbetrieben ist oft die Nachfolge nicht gesichert
- Mangelnde Modernisierungsmaßnahmen und -bereitschaft seitens der Betriebe
- Stillstand in der touristischen Entwicklung
- Starker Preiskampf der Anbieter

Im weiteren Projektverlauf müssen nach Möglichkeit die Chancen genutzt und die Risiken minimiert oder in Stärken umgewandelt werden.

2.1.3 Mikrolage

In dem Kapitel Mikrolage wird der Gemeinde, der lokalen Infrastruktur und der Lage des Grundstückes innerhalb der Gemeinde Beachtung geschenkt.[14]

Erschließung zum lokalen Zentrum

Zentrum	1,7 km, 22 min
Nahversorger	1,6 km, 20 min
Bildung	1,8 km, 24 min
Gastronomie	1,1 km, 15 min
Therme	550 m, 7 min
Bahnhof	950 m, 12 min
Bushaltestelle	1,7 km, 22 min
Salza Stausee	2,0 km, 25 min

14 Vgl. Alda/Hirscher 2014, 84.

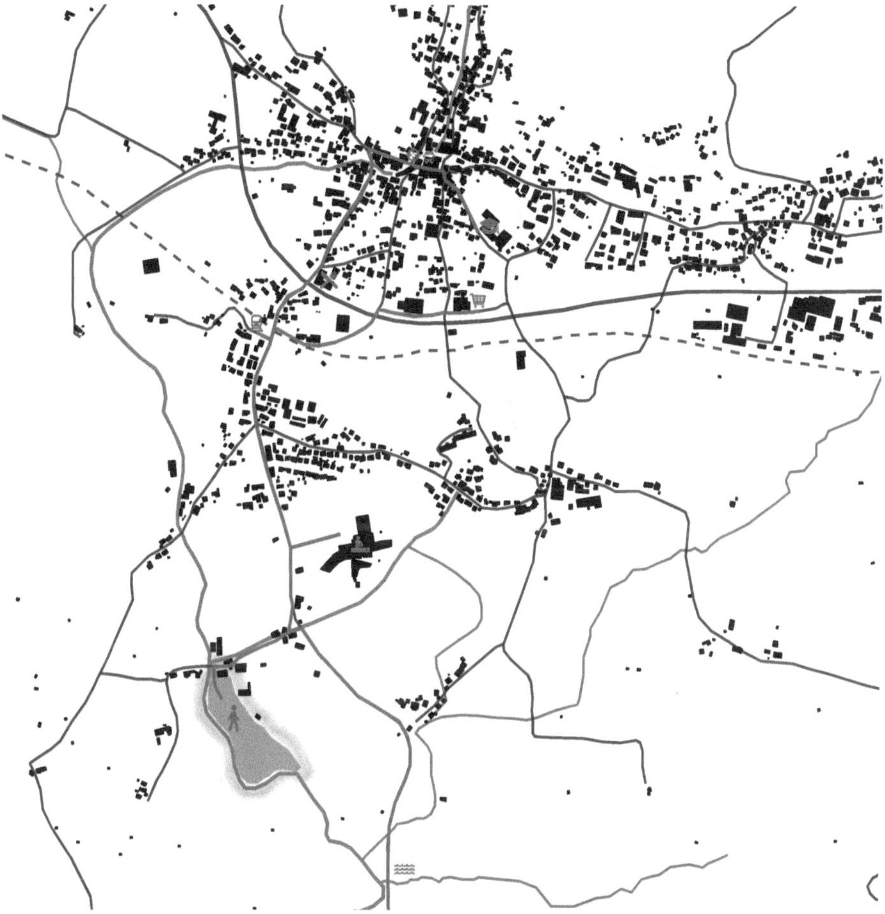

Zentrum	1,7 km, 4 min
Nahversorger	1,6 km, 4 min
Bildung	1,9 km, 5 min
Gastronomie	1,1 km, 3 min
Therme	550 m, 2 min
Skilift	8,4 m, 12 min
Bahnhof	950 m, 2 min
Bushaltestelle	1,7 km, 4 min
Salza Stausee	2,0 km, 4 min

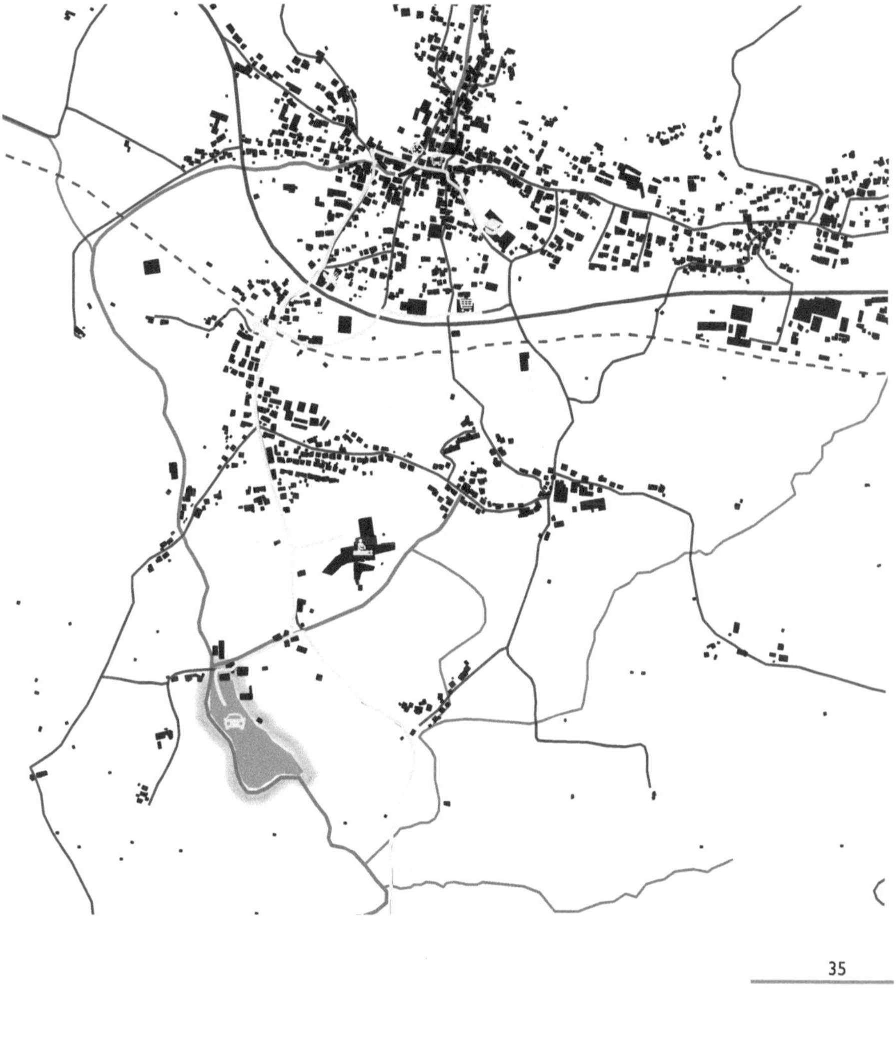

Zentrum	1,7 km, 7 min
Nahversorger	1,6 km, 6 min
Bildung	1,8 km, 8 min
Gastronomie	1,1 km, 5 min
Therme	550 m, 3 min
Bahnhof	950 m, 4 min
Bushaltestelle	1,7 km, 7 min
Salza Stausee	2,0 km, 8 min

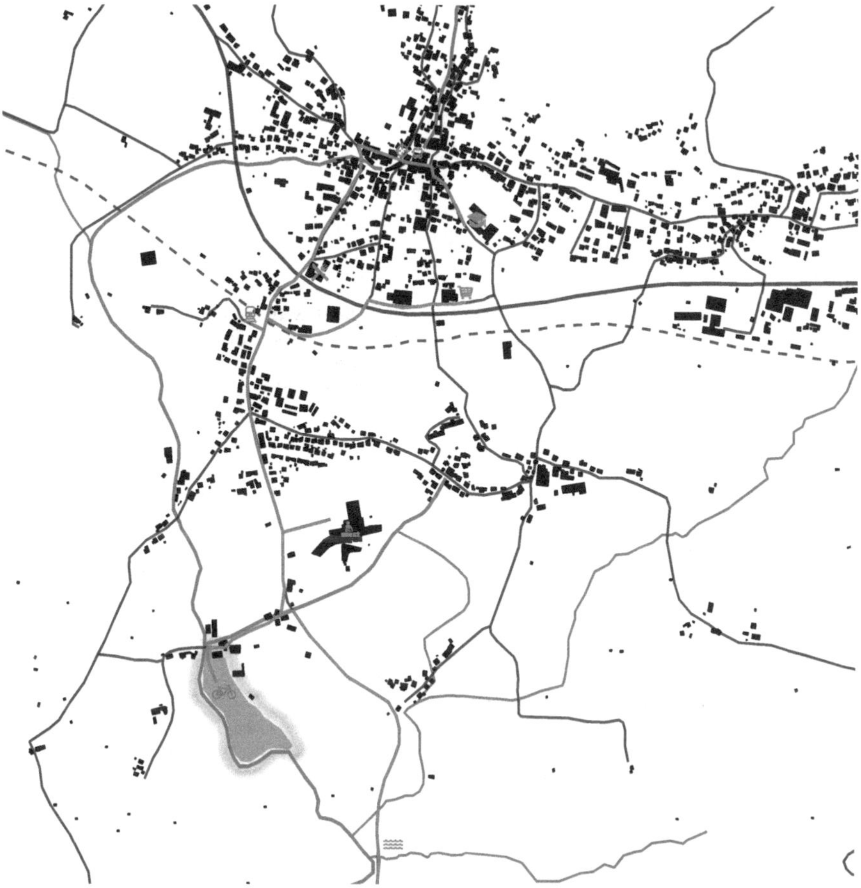

Lokale Infrastruktur

Die lokale Infrastruktur in Bad Mitterndorf beschränkt sich auf den Bus- und Bahnverkehr, welcher von Stainach-Irdning nach Bad Aussee und zurück fährt. Dieser hat in Bad Mitterndorf drei Haltestellen. Somit ist es möglich mit dem öffentlichen Verkehr die Ortsenden und das Zentrum zu erreichen.
Gegebenenfalls sind auch Shuttles, welche von Hotels angeboten werden, nutzbar.

Image

Bad Mitterndorf ist nicht als „Party- oder Apreski-Ort" bekannt und wird es auch nicht werden. Jedoch bietet es jede Menge Potential als idyllischer Sport- und Freizeitort, in dem man seinen Urlaub genießen kann.

Fazit des Kapitels

Aus diesem Kapitel geht hervor, dass die Wege vom Grundstück zu den relevanten Plätzen wie Zentrum, Therme und Stausee vor allem mit dem Fahrrad sehr kurz und schnell zurückzulegen sind.
Für die weitere Projektentwicklung ist auch das Image der Gemeinde nicht unwichtig. Es handelt sich bei Bad Mitterndorf um keinen Partyort, sondern es steht das Naturerlebnis im Vordergrund.

2.1.4 Grundstück

Das Grundstück liegt im Süden der Marktgemeinde Bad Mitterndorf ca. zwei Kilometer vom Ortskern entfernt. Der Fluss Salza fließt entlang der westlichen Grundstücksgrenze und mündet dann in den zwei Kilometer weit entfernten Stausee. Im Osten findet man erhöht das Landhaus Schloss Grubegg.

Grundstücksgröße

Das Grundstück umfasst die Grundstücke mit den Nummern 3448/1 und 3445. Ersteres Grundstück 3448/1 ist als Aufschließungsgebiet und Grundstück 3445 als Freiland definiert.

Das Bauland beträgt 17.842,81 m^2 und der Freilandanteil auf beiden Grundstücken liegt bei 17.263,05 m^2.

Abb. 7 GIS-Stmk Grundstück

Entwicklungszustand

Das Grundstück wird lt. Gis-Steiermark als Aufschließungsgebiet betitelt.
Aufschließungsgebiet lt. §29,Abs.3 Steiermärkische Raumordnungsgesetz 2010 ist Bauland, welches nicht alle Voraussetzungen für ein vollwertiges Bauland erfüllt oder wenn eine Aufschließung zu vollwertigen Bauland aufgrund von wirtschaftlichen oder siedlungspolitischen Interesse noch bevorsteht. [15]

15 Vgl. StROG 2010, §29, Abs.3.

Topographie

Die Geländeentwicklung auf der Nord-Süd-Achse ist recht überschaubar, der Höhenunterschied zwischen dem nördlichsten und südlichsten Grundstückspunkt beträgt ca. 6 m. Dies bedeutet: das Grundstück ist sehr flach Richtung Süden geneigt.
In der West-Ost-Richtung ist am Grundstück keine nennenswerte Geländeentwicklung. Jedoch grenzt im Westen ein Fluss an das Grundstück, nach dem das Gelände aber ähnlich flach weiterläuft. An der Ostgrenze beginnt das Gelände relativ schnell zu steigen und es ergibt sich hier ein Hang mit einem Höhenunterschied von ca. 20 m zum Grundstücksniveau.

Gelandeschnitt West - Ost

Gelandeschnitt Nord - Sud

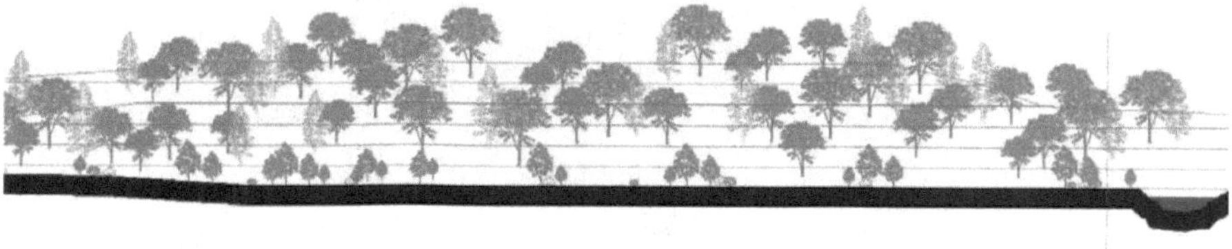

G rundstucksbilder

Abb. 8 GIS-Stmk Grundstück Hell

Abb. 9 Grundstücksfoto 1

Abb. 10 Grundstücksfoto 2

Abb. 11 Grundstücksfoto 3

Abb. 12 Grundstücksfoto 4

Abb. 14 Grundstücksfoto

Überschwemmungsgebiet

Durch den nahegelegenen Bach „Salza" liegt das Grundstück im Einflussbereich der unterschiedlichen Hochwasserabflusszonen. Anhand der Grafik ist erkennbar welche Teile des Grundstückes im HQ30, 100 und 300 liegen.

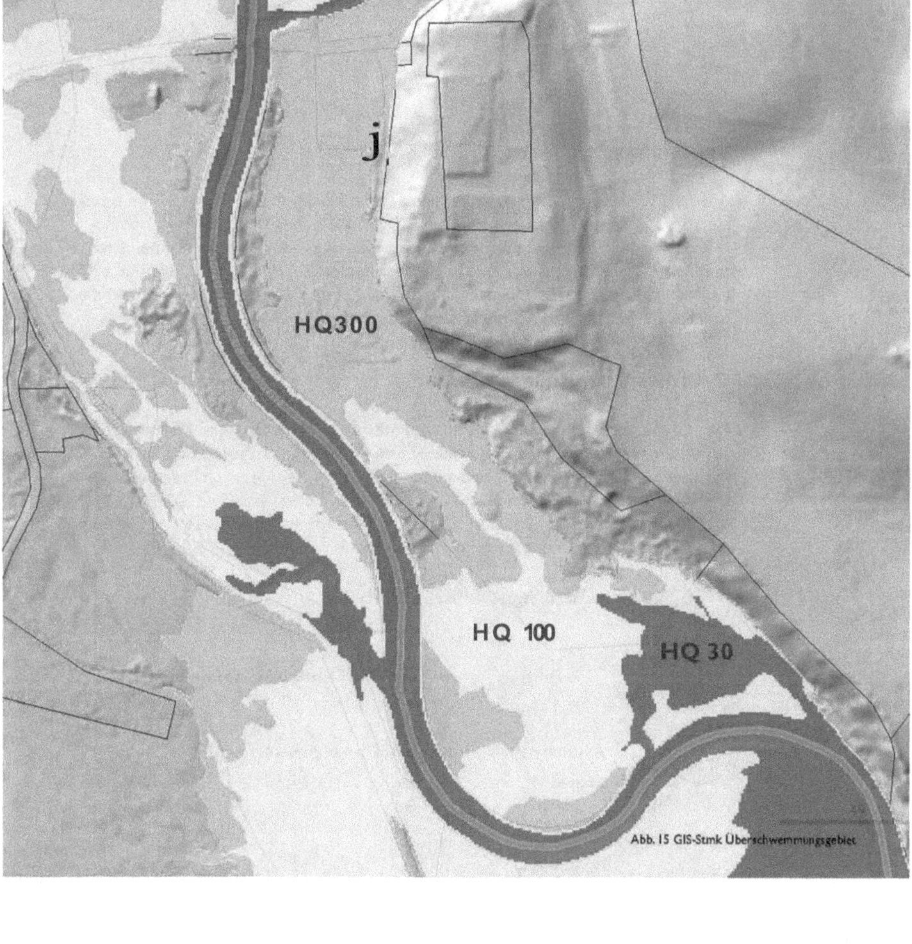

Abb. 15 GIS-Stmk Überschwemmungsgebiet

Bestandsbauten

Auf der Projektliegenschaft befinden sich zwei Gebäude, im Norden des Grundstückes ein verlassenes, zweistöckiges Haus und ungefähr in der Mitte des Grundstückes ein kleines neu gebautes Pumpenhäuschen. Für beide Gebäude gibt es keinen nennenswerten Grund diese zu erhalten, jedoch ist die Funktion des Pumpenhäuschens zu prüfen und das Gebäude gegebenenfalls zu verlegen. Zusätzlich liegt ein Servitutrecht vor, welches die Zufahrt zu Grundstück 3448/2 gewährt.

Örtliches Entwicklungskonzept

Der Grundstücksteil mit der Baulandwidmung ist an den Ost- und Westgrenzen mit absoluten naturräumlichen Entwicklungsgrenzen belegt. Im Norden findet man eine absolute siedlungspolitische Grenze und an den südlichen Grenzen liegen relative naturräumliche Entwicklungsgrenzen.
Des Weiteren zählt das Grundstück in der gebäudebaulichen Entwicklung zu den Flächen, welche mit touristischem Potential definiert werden.

7 **absolute siedlungspolitische Grenzen**

1 3 **absoluten naturräumlichen Entwicklungsgrenzen**

5 **relative naturräumliche Entwicklungsgrenzen**

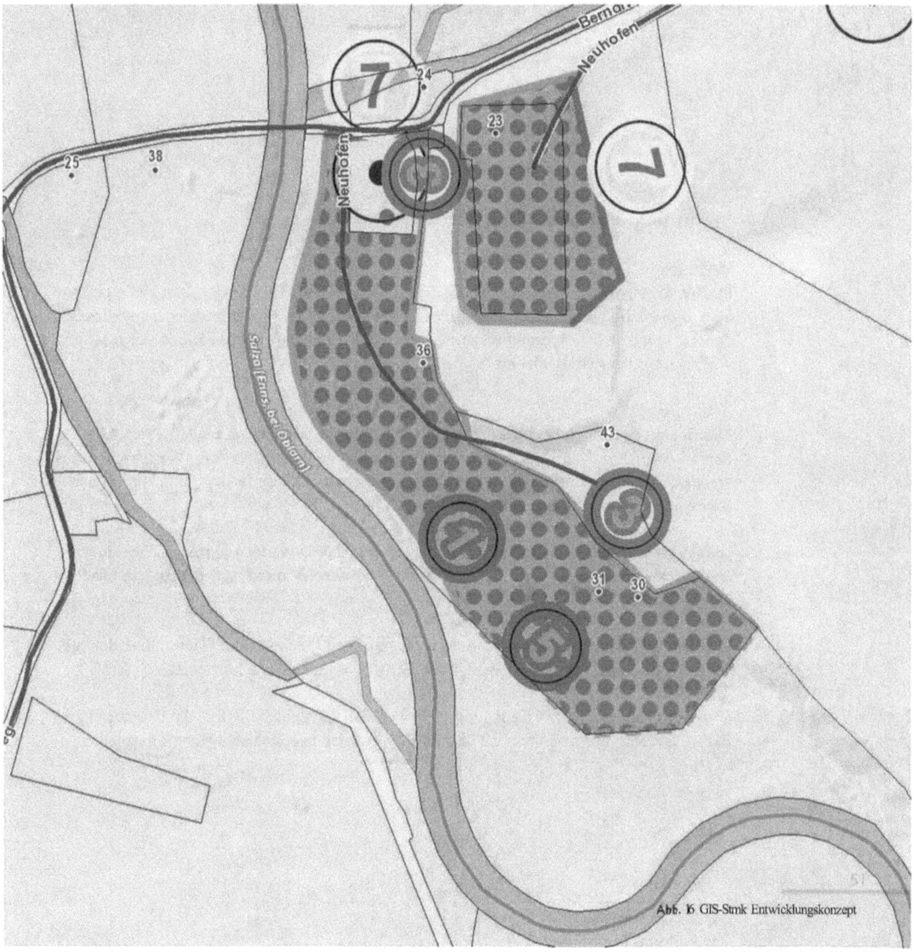

Abb. 16 GIS-Stmk Entwicklungskonzept

Widmung und Bebauungsdichte

Widmung:
Die Widmung des zu bebauenden Grundstückteils ist als Erholungsgebiet definiert. Flächen, welche als Erholungsgebiete definiert sind, sollten für Beherbergungsbetriebe genutzt werden. Im Allgemeinen sind sie für die Errichtung von Gebäuden vorgesehen, welche dem Tourismus dienen.[16]

Bebauungsdichte:
Die Bebauungsdichte besteht aus einem mindest- und höchstzulässigen Wert. Dieser darf in Ausnahmefällen mit behördlicher Bewilligung auch über- oder unterschritten werden. Die Bebauungsdichte ist das Verhältnis zwischen der Teilung der Bruttogrundfläche aller Geschoße durch die Bauplatzfläche.

Laut der steiermärkischen Bebauungsdichteverordnung werden Untergeschosse, welche keine Aufenthalts- oder Arbeitsräumen aufweisen, nicht zur Bruttogrundfläche hinzugezählt.

Ebenfalls gilt, dass bei Dachgeschossen mit schrägen Decken, jene Fläche über der die lichte Höhe mehr als 1,50m beträgt, zur Bruttogeschossfläche hinzuzuzählen ist.[17]

In diesem Fall beträgt die Bebauungsdichte 0,2 bis 0,3. Dies bedeutet die Bruttogrundfläche darf sich nur zwischen 20 und 30 Prozent der bebaubaren Fläche bewegen.

16 Vgl. StROG 2010, §30, Abs.9.

17 Vgl. St Bebauungsdichteverordnung 2011, §1, Abs.1-4.

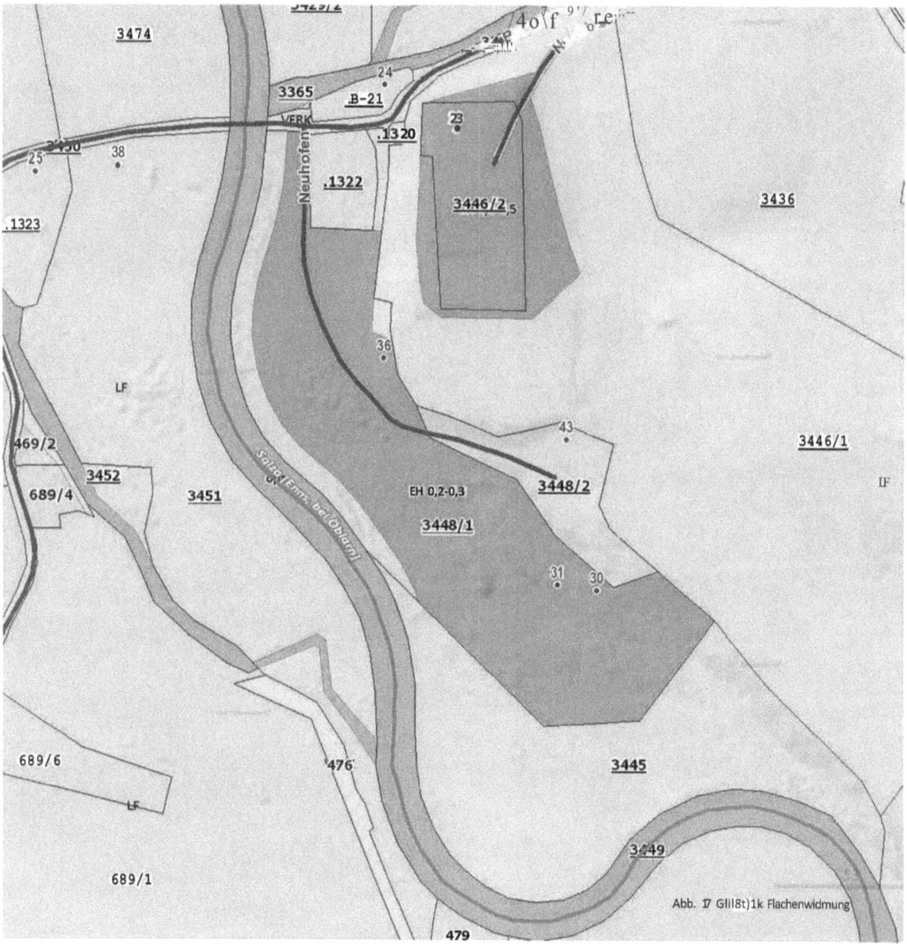

Abb. 17 Glil8t)1k Flachenwidmung

Fazit des Kapitels

Aus diesem Kapitel geht hervor, dass die Projektliegenschaft eine Baulandfläche von 17.842,81 m² aufweist. Diese Fläche wird für die Berechnung der Bruttogrundfläche im nächsten Kapitel benötigt.

Die Höhenentwicklung auf der Nordsüd-Achse ist sehr überschaubar und liegt bei ca. 6 m Höhenunterschied vom tiefsten Punkt im Süden bis zum höchsten im Norden.

Nach der Ostgrenze des Grundstücks beginnt das Gelände schnell zu steigen und erreicht eine Höhe von plus 20 m vom Grundstücksniveau aus.

Die genaue Widmung des Baulandes wird als Erholungsgebiet bezeichnet und bedeutet, dass die Fläche für einen Beherbergungsbetrieb genutzt werden soll. Die Bebauungsdichte auf dem Grundstück beträgt 0,2 bis 0,3, diese Verhältniszahlen werden ebenfalls später für die Bruttogrundflächenberechnung benötigt.

2.2 Marktanalyse

Um die Nachfrage in Abhängigkeit von Miet- bzw. Kaupreis auf ein Immobilienprojekt zu ermitteln, wird die Marktanalyse verwendet. Man analysiert vergleichbare Angebote um den Marktwert des eigenen Projektes zu ermitteln. Um eine brauchbare Analyse zu erstellen sollte man nicht nur bestehende Projekte einfließen lassen, sondern auch zukünftig geplante Projekte mit einbinden.[18]

2.2.1 Ausgangslage

Die Adresse der Projektliegenschaft lautet Neuhofen 30, 8983 Neuhofen. Das Grundstück weist eine zu bebauende Fläche von 17.842,81m² auf. Aufgrund der vorgegebenen Bebauungsdichte von 0,2 bis 0,3 ist eine Bruttogrundfläche von 3.568,6m² bis 5.352,8m² möglich. Des Weiteren umfasst das Grundstück noch eine 17.263,05 m² große Freilandfläche.

Wie im Abschnitt „Widmungen und Bebauungsdichte" bereits erwähnt, ist die Projektliegenschaft als Erholungsgebiet definiert. Dies bedeutet, dass es nur zur Errichtung von Gebäuden für den Tourismus, speziell für Beherbergungsbetreibe, genutzt werden darf.

Aus diesem Grund werden mittels der Marktanalyse mögliche Nutzungsvarianten im Tourismusbereich analysiert. Ebenso wird der derzeit geltende Quadratmeterpreis für Bauland im Erholungsgebiet sowie für Freiland ermittelt.

Mittels der Analyse von bestehenden Angeboten der regionalen Tourismusbranche wird ein Vergleichswert für verschiedene Nutzungen ermittelt. Dieser soll dazu beitragen, eine objektive Entscheidungsfindung für die zukünftige Nutzung der Projektliegenschaft zu unterstützen.

18Vgl. Alda/Hirscher 2014, 138.

Analysierte Nutzungen

Aufgrund der Widmung sind die möglichen Nutzungen auf Beherbergungsbetriebe für den Tourismus beschränkt. Aus diesem Grund werden die verschiedenen Arten von Beherbergungen analysiert und untersucht. Dies geschieht durch eine einfache Angebots- und Nachfrageanalyse, welche sich auf das jeweilige Bettenangebot und die jährliche Auslastung bezieht.

2.2.2 Analyse

Analyse des Grundstückspreises

Mittels dem Vergleich von drei Grundstücken, welche ähnliche Lage, Aufschließungsgrad und Widmung aufweisen, wird der durchschnittliche Quadratmeterpreis für diese Region ermittelt.

Lage	Widmung	Kaufpreis	Fläche [m²]	[€/m²]
Bad Mitterndorf Thörl	Erholungsgebiet - Sanierungsgebiet	€ 93.000	1.173	79
Pichl-Kainisch - Knoppen	Allgemeines Wohngebiet - Sanierungsgebiet	€ 80.240	944	85
Klachau/Tauplitz	Allgemeines Wohngebiet - Aufschließungsgebiet	€ 78.000	1.199	65
	Maximum	€ 93.000	1.199	85
	Durchschnitt	€ 83.747	1.105	76
	Minimum	€ 78.000	944	65

Tab. 11 Quadratmeterpreis BM

Um die ermittelten Werte zu kontrollieren wird ebenfalls die Quadratmeterpreisniveau tabelle von www.immowelt.de als Vergleich herangezogen.[19]

Monat	Kaufpreis	Fläche [m²]	[€/m²]
April 2018	€ 126.540	2.109	60
Februar 2018	€ 80.240	944	85
Februar 2018	€ 93.000	1.173	79
Jänner 2018	€ 93.000	1.173	79
Jänner 2018	€ 93.000	1.173	79
Maximum	€ 126.540	2.109	60
Durchschnitt	€ 97.156	1.314	77
Minimum	€ 80.240	944	85

Tab. 12 Quadratmeterpreis BM lt. immowelt.de

Aufgrund dieser beiden Analysen kann angenommen werden, dass der durchschnittliche Grundstückspreis für das Bauland der Projektliegenschaft bei 76 €/m² liegt.

Der Quadratmeterpreis für Freiland beträgt, lt. der Webseite bodenpreis.at, in Bad Mitterndorf durchschnittlich 5,27 €/m².[20]

19Vgl. Bad Mitterndorf Grundstückspreise, https://www.immowelt.de/immobilienpreise/bad-mitterndorf/grundstueckspreise, 12.06.2018.

20Vgl. Liezen, https://www.bodenpreise.at/Home/List, 19.07.2018.

Analyse der Zimmerpreise pro Nacht in Bad Mitterndorf

Die folgenden Zimmerpreise beziehen sich auf das Geschäftsjahr 2017 und wurden vom Tourismusverband Ausseerland zur Verfügung gestellt.

	Sommer Hauptsaison Juli, August Zimmer Preis		Sommer Nebensaison Mai, Juni, Sep., Okt. Zimmer Preis		Winter Hauptsaison Jänner, Februar Zimmer Preis		Winter Nebensaison März, Apr., Nov., Dez. Zimmer Preis	
4-Sterne-Hotel	min	max	min	max	min	max	min	max
Aldiana Salzkammergut	€ 174,50	€ 180,50	€ 147,00	€ 151,00	€ 213,33	€ 222,00	€ 140,33	€ 152,00
Hotel Kogler	€ 58,50	€ 88,50	€ 53,50	€ 83,50	€ 85,50	€ 110,50	€ 64,00	€ 79,00
Hotel Grimmingblick	€ 81,50	€ 91,50	€ 79,50	€ 89,50	€ 81,50	€ 91,50	€ 79,50	€ 89,50
Durchschnittlicher Zimmerpreis	€ 112,50		€ 100,67		€ 134,06		€ 100,72	
Jährlicher Zimmerpreis	**€ 111,99**							

Tab. 13 Durchschnittlicher Zimmerpreis 4-Sterne

	Sommer Hauptsaison Juli, August Zimmer Preis		Sommer Nebensaison Mai, Juni, Sep., Okt. Zimmer Preis		Winter Hauptsaison Jänner, Februar Zimmer Preis		Winter Nebensaison März, Apr., Nov., Dez. Zimmer Preis	
3-Sterne-Hotel	min	max	min	max	min	max	min	max
Hotel Post	€ 54,25	€ 223,00	€ 52,25	€ 215,00	€ 54,25	€ 223,00	€ 52,25	€ 215,00
Hotel Igelheim	€ 42,00	€ 80,00	€ 40,00	€ 78,00	€ 44,00	€ 90,00	€ 42,00	€ 80,00
Hotel Ausseerland	€ 53,00	€ 204,00	€ 48,00	€ 184,00	€ 55,00	€ 212,00	€ 48,00	€ 184,00
Hotel Aquamarin	€ 50,00	€ 200,00	€ 40,00	€ 160,00	€ 53,33	€ 213,33	€ 45,00	€ 180,00
Lebensfreude Hotel	€ 76,00	€ 312,00	€ 76,00	€ 256,00	€ 76,00	€ 316,00	€ 76,00	€ 256,00
Durchschnittlicher Zimmerpreis	€ 129,43		€ 114,93		€ 133,69		€ 117,83	
Jährlicher Zimmerpreis	**€ 123,97**							

Tab. 14 Durchschnittlicher Zimmerpreis 3-Sterne

	Sommer Hauptsaison Juli, August Zimmer Preis		Sommer Nebensaison Mai, Juni, Sep., Okt. Zimmer Preis		Winter Hauptsaison Jänner, Februar Zimmer Preis		Winter Nebensaison März, Apr., Nov., Dez. Zimmer Preis	
Bungalows	min	max	min	max	min	max	min	max
Appartementhaus Theresia	€ 90,00	€ 124,00	€ 90,00	€ 124,00	€ 90,00	€ 124,00	€ 90,00	€ 124,00
Appartements am Kurpark	€ 54,00	€ 54,00	€ 54,00	€ 54,00	€ 56,00	€ 56,00	€ 56,00	€ 56,00
Apparthotel Montana	€ 120,00	€ 170,00	€ 120,00	€ 170,00	€ 120,00	€ 170,00	€ 120,00	€ 170,00
Sportappartements Gaiswinkler	€ 170,00	€ 170,00	€ 150,00	€ 150,00	€ 200,00	€ 200,00	€ 150,00	€ 150,00
Durchschn. Zimmerpreis	€ 119,00		€ 114,00		€ 127,00		€ 114,50	
Jährlicher Zimmerpreis	**€ 118,63**							

Tab. 15 Durchschnittlicher Zimmerpreis Bungalows

Angebot- und Nachfrageanalyse der Unterkunftsklassen

Klasse	Angebot Betten	Auslastung im Jahr 2017			Betten belegt		
		min	Mittel	max	min	Mittel	max
4-Sterne	583	32,67%	58,68%	88,06%	190	342	513
3-Sterne	983	2,67%	37,54%	96,07%	26	369	944
2-Sterne	196	1,67%	34,29%	82,14%	3	67	161
Bungalows	1.083	1,33%	17,21%	50,36%	14	186	545

Tab. 16 Bettenangebot und Auslastung 2017

Die Zahlen der oben stehenden Tabelle 16 „Bettenangebot und Auslastung 2017" beziehen sich auf die gesamte Marktgemeinde Bad Mitterndorf und zeigen die Summe der zur Verfügung stehenden Betten der jeweiligen Unterkunftsklassen. Des Weiteren wird die minimale, mittlere und maximale Jahresauslastung der Beherbergungsarten gezeigt, dies wird auf eine Bettenauslastung umgerechnet.

Als weiterer Indikator für Angebot und Nachfrage wird die Entwicklung der Nächtigungen der letzten Jahre herangezogen.

Nächtigungsentwicklung					
Klasse	2014	2015	2016	2017	Vergleich zum Vorjahr
4-Sterne	11.034	9.334	11.845	12.260	415
3-Sterne	2.481	2.701	3.729	3.480	-249
2-Sterne	41	34	57	305	248
Bungalows	897	967	1.155	1.352	197

Tab. 17 Nächtigungsentwicklung

Laut Tabelle 17 „Nächtigungsentwicklung" ist in jeder Unterkunftsform eine positive Entwicklung zum Vorjahr zu erkennen. Ausgenommen die 3-Sterne-Hotels, welche ein Minus von 249 Nächtigungen im Vergleich zum vergangenen Jahr aufweisen.

Die nächste Tabelle zeigt die Entwicklung der Bettenanzahl, ebenfalls in den vergangenen vier Jahren.

Bettenentwicklung					
Klasse	2014	2015	2016	2017	Vergleich zum Vorjahr
4-Sterne	597	597	597	583	-14
3-Sterne	841	951	967	983	16
2-Sterne	206	209	221	196	-25
Bungalows	1.101	1.091	1.003	1.083	80

Tab. 18 Bettenentwicklung

Anhand der Tabelle 18 „Bettenentwicklung" ist eine Verminderung der Bettenanzahl, speziell bei den 4- und 2-Sterne-Hotels ersichtlich. Im Gegensatz dazu ist bei den 3-Sterne-Hotels und den privaten Bungalows eine Steigerung zu erkennen.

Mittels der folgenden Tabelle 19 „Auslastungsentwicklung" wird sichtbar, ob dieser Bettenzuwachs gerechtfertigt ist.

Auslastungsentwicklung								
Klasse	2014		2015		2016		2017	
	Vollbelegs-tage	Auslas-tung	Vollbelegs-tage	Auslas-tung	Vollbelegs-tage	Auslas-tung	Vollbelegs-tage	Auslas-tung
4-Sterne	217,30	59,58%	195,60	53,64%	209,00	57,21%	214,20	58,68%
3-Sterne	118,40	32,66%	125,80	34,74%	124,50	34,24%	136,00	37,54%
2-Sterne	89,30	24,55%	111,00	30,56%	127,50	35,08%	124,50	34,29%
Bungalows	52,00	14,42%	47,80	13,23%	58,50	16,15%	62,20	17,21%

Tab. 19 Auslastungsentwicklung

Die Auslastungsentwicklung der gezeigten Beherbergungsformen ist durch die Bank positiv. Bei den 4-Sterne-Hotels und den privaten Bungalows ist das Plus am geringsten ausgeprägt. Wohingegen die 3-Sterne-Hotels mit einer klaren positiven Entwicklung aufwarten können. Die 2-Sterne-Hotels verzeichnen ein leichtes Minus zum Vorjahr, haben jedoch über die vergangenen Jahre gesehen auch einen positiven Trend.

Prognosen Beherbergungsformen

Anhand der im vorherigen Kapitel analysierten Tabellen werden in diesem Kapitel Aussagen und Prognosen für die gewählten Unterkunftsformen erstellt.

4-Sterne-Hotel

Aussage: Laut der Tabelle 16 „Bettenangebot und Auslastung 2017" sieht man, dass im Jahr 2017 die 4-Sterne-Hotels mit einem Mittelwert von 58,68% auf das Jahr gesehen gut ausgelastet sind. In den Hauptsaisonen steigt die Auslastung auf maximal 88,06% an und in den Nebensaisonen sinkt sie nicht unter 32,67%. Somit sind die 583 zur Verfügung stehenden Betten gerechtfertigt und in den Hauptsaisonen gut ausgelastet.
Die Zahl der Nächtigungen schwankt in den vergangen vier Jahren teilweise recht stark, trotzdem ist im Vergleich zum Jahr 2016 ein Plus zu verzeichnen (Tabelle 17). Jedoch ist dieses Plus auch in anderen Unterkunftsformen erkennbar, was mit dem generell stärker werdenden Tourismus in Bad Mitterndorf zu begründen ist.
Da die Bettenbilanz zum Vorjahr negativ ausfällt, ist dies ein Zeichen dafür, dass sich das Plus der Nächtigungen in der Nebensaison niederschlagen muss (Tabelle 18).
Die Auslastungsentwicklung ist nach dem Fall im Jahr 2015 auf 53,64% einem stetigen Wachstum unterzogen (Tabelle 19). Der Unterschied zwischen 2016 und 2017 beträgt +1,47%, dies spiegelt den langsamen aber fortwährenden Anstieg der Auslastung wieder.

Prognose: Aufgrund der vorliegenden Daten ist davon auszugehen, dass die Auslastung jedes Jahr durch den generellen Tourismuszuwachs steigen wird. Dieser Effekt wird sich auch in den Zahlen der weiteren Unterkunftsformen zu Buche schlagen. Diese Argumente sind auch für die zukünftige Entwicklung der Nächtigungen anzuwenden.

Bedeutung: Aufgrund des großen Bettenangebots der 4-Sterne-Hotels und der Auslastungszahlen wird die vorhandene Nachfrage durch das Angebot gestillt. Aus diesem Grund ist eine Variante eines weiteren 4-Sterne-Hotels sehr genau auf seine wirtschaftliche Sinnhaftigkeit zu prüfen.

3-Sterne-Hotel

Aussage: Die mittlere Auslastung von 37,54% ist ein Produkt aus den maximalen Auslastungszahlen, wie 96,07% in den Hauptsaisonen, und der niedrigen Auslastung von 2,67% in den Nebensaisonen (Tabelle 16). Aus diesem Grund sind die 983 angebotenen Betten nur selten im Jahr ausgelastet.
Seit 2014 sind die Nächtigungszahlen stetig ansteigend, jedoch gab es 2017 ein Minus von 249 Nächtigungen zum Vorjahr (Tabelle 17). Trotz dieser negativen Nächtigungszahl stehen 16 Betten mehr als im Vorjahr zur Verfügung.
Die Auslastungsentwicklung der 3-Sterne-Hotels weist seit 2014 einen stetigen Anstieg auf (Tabelle 19). Die Differenz zwischen den Jahren 2016 und 2017 beträgt +3,3%. Dies bedeutet einen Unterschied von 12 Vollbelegstagen.

Prognose: Für die Entwicklung der Auslastungsentwicklung ist anzunehmen, dass es in einem ähnlich positiven Tempo weiter gehen wird, somit werden die vorhandenen Bettenzahlen bald zur Gänze ausgelastet sein.

Bedeutung: Aufgrund der am schnellsten wachsenden Auslastungsentwicklung bietet sich hier gutes Potential für die Zukunft. Jedoch gilt es die Nebensaisonen attraktiver zu gestalten, um die Auslastung in diesen Monaten zu erhöhen.

2-Sterne-Hotel

Aussage: Bei den 2-Sterne-Hotels geht die Schere der minimalen und maximalen Auslastung ebenfalls weit auseinander. Diese betragen minimal 1,67% und maximal 82,14%, was zu einem Mittelwert von 34,29% für das Jahr 2017 führt (Tabelle 16). Dies führt zu einer Bettenauslastung von 3 Betten in den Nebensaisonen und 161 Betten in den Hauptsaisonen.
In den Jahren 2014 bis 2016 lag die Zahl der Nächtigungen immer unter 60, von 2016 auf 2017 gab es einen massiven Sprung auf 305 Nächtigungen (Tabelle 17). Jedoch wirkte sich dies in den Bettenzahlen negativ aus (Tabelle 18).
Die 2-Sterne-Hotels verzeichnen als einzige eine negative Auslastungsentwicklung zum Vorjahr (Tabelle 19). In den Jahren davor war immer ein starkes Plus vorhanden, von 2016 auf 2017 hat sich jedoch ein Minus von -0,79% ergeben.

Prognose: Es ist davon auszugehen, dass die Auslastungsentwicklung wieder in den positiven Bereich geht, jedoch sind durch die derzeitige negative Entwicklung keine großen Sprünge zu erwarten.

Bedeutung: Aufgrund der stagnierenden Entwicklung im Auslastungsbereich ist eine Weiterbearbeitung dieser Unterkunftsart nicht gerechtfertigt.

Bungalows

Aussage: Im privaten Bereich bewegen wir uns generell im geringeren Auslastungsbereich. So weisen die Bungalows eine minimale Auslastung von 1,33%, eine maximale von 50,36% und somit ein Mittel von 17,21% auf (Tabelle 16). Somit sind die 1.083 Betten auch in den stärksten Monaten nur rund zur Hälfte ausgelastet.
Mit 197 Nächtigungen mehr als im Vorjahr bestätigt sich der positive Trend der Nächtigungen in Bungalows in den letzten Jahren (Tabelle 17). Dies zeichnet sich auch im Zuwachs der Bettenzahl des letzten Jahres ab, hier wurden 2017 80 Betten mehr als 2016 gezählt.
Die Bungalows weisen ebenfalls eine stetig ansteigende Auslastung, im Vergleich zu den letzten Jahren, auf (Tabelle 19). Diese Auslastung ist jedoch oft um die Hälfte weniger als die der gewerblichen 4- bis 2-Sterne-Hotels. Die lässt sich auf ein weniger ausgeprägtes Marketing auf privater Ebene zurückführen.

Prognose: Mehr als einen leichten Anstieg der Auslastung für Bungalows ist nicht zu erwarten. Das Angebot an Betten in Bungalows mit 1.083 Betten ist jedenfalls ausreichend.

Bedeutung: Auf privater Ebene sind Bungalows mäßig ausgelastet, doch könnten sich auf gewerblicher Basis, in Kombination mit einer anderen Beherbergungsform und einer professionellen Vermarktung, höhere Auslastungszahlen erzielen. Somit ist eine Beherbergungsart wie Apartments nicht außer Acht zu lassen.

03 Nutzungskonzeptanalyse

3 Nutzungskonzeptanalyse

3.1 Oberste Projektziele

Da die Widmung die Errichtung einer Beherbergungsstätte vorgibt, wird dem auch nachgekommen. Es wird ein Hotel mit der Güteklasse 3-Sterne oder 4-Sterne angedacht, welches einen Schwerpunkt in Richtung Sport- und Freizeithotel finden soll. In den Angeboten für die Gäste soll ein qualitativer und praktischer Mehrwert im Bereich Sport und Wohnen sowie in aktiver Freizeitgestaltung entstehen. In den folgenden Untersuchungen werden die wirtschaftlichen Vorzüge für die jeweiligen Güteklassen untersucht. Zusätzlich werden den Gästen nicht nur Hotelzimmer geboten, sondern auch Bungalow-Apartments für mehrere Personen.

3.2 Hotelart

Aufgrund des starken Sport- sowie Freizeittourismus in der Region ist eine Beherbergungsstätte für eben diese Gäste angedacht. Somit wird ein Sport- und Freizeithotel erarbeitet, welches Interesse bei Sommerurlaubern, Winterurlaubern und Gästen in der Nebensaison wecken soll.

3.3 Güteklasse

Durch die vorangegangene Analyse der verschiedenen Güteklassen in Bad Mitterndorf werden nun zwei Hotelgüteklassen genauer betrachtet. Hier fiel die Wahl auf die **3-Sterne- oder 4-Sterne-Klasse**, da diese in der Marktgemeinde am meisten Potential vorweisen.

In den „Richtlinien für die Klassifizierung von Hotel- und Beherbergungsbetrieben" der Wirtschaftskammer Österreich werden Beherbergungsstätten wie folgt definiert:

3-Sterne-Hotels Gediegene Ausstattung (Standard)

„Mittelklassehotel mit besserer Ausstattung und Dienstleistung. Erforderlich: Ab 15 Zimmern: Rezeption, Frühstückbuffet, Drei-Gänge-Menu oder Menu, 12-Stunden-Getränkeservice, Hausbar, Zimmer mit Sat-oder Kabel-TV, Schreibmappe, Telefon, Bettwäschewechsel mindestens 2x pro Woche, Wasch- und Bügelservice"[21]

4-Sterne-Hotels Erstklassige Ausstattung (High)

„Luxushotel, edle Ausstattung, feines Ambiente, perfekter Service, große Zimmer mit getrenntem Wohn-/Schlafbereich (Neubau 22m2), großzügige Badezimmer mit Wanne, Dusche, Bidet und Doppelwaschtischen, Bademäntel, Waage. Im Neubau WC getrennt, Rezeption rund um die Uhr besetzt, Lift ab erstem Stock, Top-Restaurant, 24-Stunden-Imbiss, Parkplatz mit Garagierungsdienst."[22]

---

21 Keck 2007, 2.

22 Ebda., 2.

3.4 Bruttogrundfläche

Aufgrund der Bebauungsdichte von 0,2 bis 0,3 ist eine Bruttogrundfläche von maximal 5.352,8 m² möglich.

3-Sterne-Hotel:
Für ein Zimmer eines Standard-Ferienhotels werden 40 bis 55 m² der Bruttogrundfläche berechnet, dies bedeutet in diesem Fall eine mögliche Zimmeranzahl von **97 Zimmern**, welche mit einer Bruttogrundfläche von 55 m² pro Zimmer errechnet wurde. Daraus ergibt sich eine effektive Bruttogrundflächennutzung von 5.335 m².

4-Sterne-Hotel:
Bei Ferienhotels mit hohem Standard wird für jedes Zimmer 55 bis 65 m² Bruttogrundfläche berechnet, dadurch ergibt sich eine mögliche Zimmeranzahl von **82 Zimmern**, welche mit einer Bruttogrundfläche von 65 m² pro Zimmer errechnet wurde. Daraus ergibt sich eine effektive Bruttogrundflächennutzung von 5.330,0 m².[23]

Bungalows:
Verteilung der Bungalowgröße pro Person:
Anhand der Analyse bestehender Beherbergungsbetriebe der Region wird die prozentuelle Aufteilung der Zwei- und Mehrpersonen-Zimmer ermittelt.

	Hotel Ausseerland	Prozent	Hotel Aquamarin	Prozent	Lebensfreude Hotel	Prozent	Durchschnitt
Doppelzimmer	9	64,3%	11	61,1%	12	66,7%	64,0%
Familienzimmer	4	28,6%	5	27,8%	1	5,6%	20,6%
Einzelzimmer	1	7,1%	2	11,1%	5	27,8%	15,3%
Gesamt:	14	100,0%	18	100,0%	18	100,0%	100,0%

Tab. 20 Verteilung Zimmergrößen BM

23 Vgl. Neufert 1992, 407.

Die vorangegangene Analyse dient als Grundlage für die Einteilung der möglichen Bungalows in Form von Zwei-Personen-Bungalows, 2+2-Personen-Bungalows, Vier-Personen-Bungalows und 4+2-Personen-Bungalows (Tabelle 20).

Bungalows	
Zwei-Personen	60,4%
2+2-Personen	10,9%
Vier-Personen	18,8%
4+2-Personen	9,9%

Tab. 21 Verteilung Bungalowgrößen

Flächenbedarf anhand von Mustergrundrissen für die jeweiligen Bungalows

Zwei-Personen-Bungalow

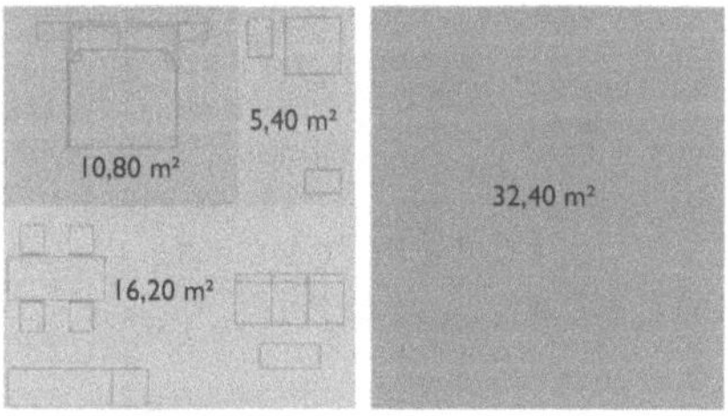

Abb. 18 Zwei-Personen-Bungalow

Vier-Personen-Bungalow

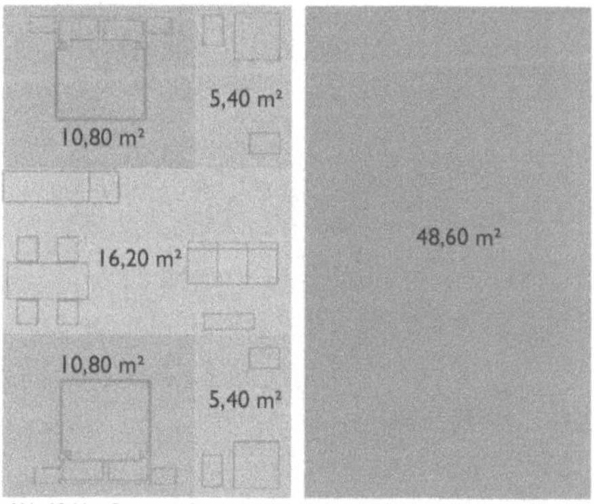

Abb. 19 Vier-Personen-Bungalow

2+2-Personen-Bungalow

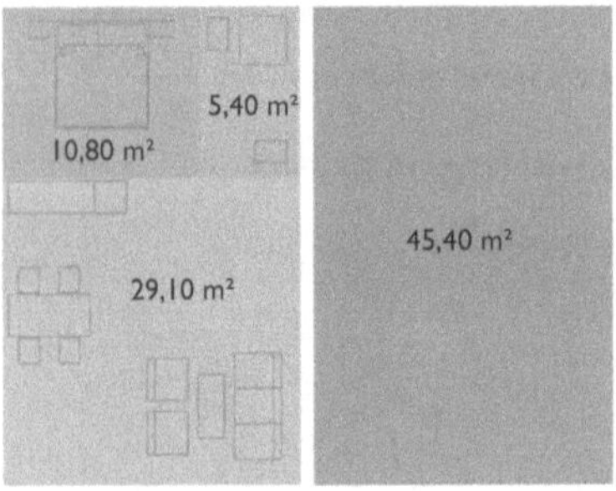

Abb. 20 2+2-Personen-Bungalow

2+4-Personen-Bungalow

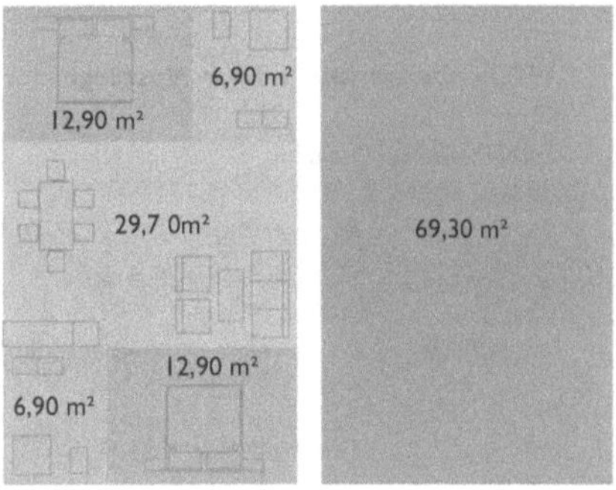

Abb. 21 4+2-Personen-Bungalow

Bungalows	BGF [m²]	Zuschlag	BGF [m²]
Zwei-Personen	35	25,0%	43,75
2+2-Personen	45	25,0%	56,25
Vier-Personen	50	25,0%	62,5
4+2-Personen	70	25,0%	87,5

Tab. 22 Bungalowgrößen + Zuschlag

Die berechnete Bruttogrundfläche der Bungalows ergibt sich aus den Plänen der Musterbungalows und 25% Zuschlag, um die Qualität in der endgültigen Planung zu gewährleisten.

Somit ergibt sich bei einer maximalen Bruttogrundfäche von 5.352,8 m² eine mögliche Bebauung von 101 einstöckigen Bungalows, anhand der prozentualen Verteilung der Bungalowgrößen ergeben sie sich wie folgt:

- 61 Zwei-Personen-Bungalows mit je 43,75 m²
- 11 2+2-Personen-Bungalows mit je 56,25 m²
- 19 Vier-Personen-Bungalows mit je 62,5 m²
- 10 4+2-Personen-Bungalows mit je 87,5 m²

Somit ergibt sich mit den **101 Bungalows** eine Bruttogrundfläche von 5.350 m² bei einer sehr dichten Bebauung und unter dem reinen Aspekt der maximalen Auslastung, die jedoch nicht das endgültige Ziel ist.

3.4.1 Vergleich der Unterkunftsformen

Jahresrohertrag	4-Sterne-Hotel	3-Sterne-Hotel	Bungalows
Durchschnittliche Jahresauslastung	58,68%	37,54%	17,21%
Durchschnittliche Vollbelegstage	214,2	137	62,2
Durchschnittlicher Zimmerpreis pro Nacht [€]	111,99	123,97	118,63
Rohertrag pro Zimmer und Jahr [€]	23.987,43	16.983,89	7.378,79
Zimmer	82	97	101
Rohertrag [€]	**1.966.968,85**	**1.647.437,33**	**745.257,39**

Tab. 23 Jahresrohertrag bei Reinnutzung

In die Berechnung der Jahresroherträge der gewählten Beherbergungsformen fließt die Jahresauslastung für 2017 und die durchschnittlichen Preise pro Nacht mit ein.

Ermittlung der Investitionskosten:

Hotels

Für die Errechnung der Investitionskosten der Hotels wird auf die Richtwerte für Investitionen zurückgegriffen. Diese bewegen sich bei 4-Sterne-Hotels im Rahmen von € 146.000 bis € 190.000 pro Zimmer. Bei 3-Sterne-Hotels handelt es sich um eine Kostenspanne von € 94.000 bis € 130.000 pro Zimmer.[24]

Investitionskosten Hotels	Zimmer	Richtwert/Zimmer	Investitionskosten
4-Sterne-Hotel	82	€ 168.000,00	€ 13.776.000,00
3-Sterne-Hotel	97	€ 110.500,00	€ 10.718.500,00

Tab. 24 Investitionskosten 3- und 4-Sterne-Hotel

Aufgrund der 82 Zimmer im 4-Sterne-Hotel und der 97 Zimmer im 3-Sterne-Hotel ergeben sich Investitionskosten von jeweils **€ 13.776.000** und **€ 10.718.500.**

24Vgl. Ennemoser Wirtschaftsberater GmbH 2017, 1.

Bungalows

Da für die Bungalows keine Richtwerte für die Ermittlung der Investitionskosten zu finden sind, werden hier die Kosten mit Hilfe des Baukosteninformationskataloges (BKI) errechnet. Es werden die Kennwerte von Ein- und Zweifamilienhäusern, nicht unterkellert und einfacher Standard, gewählt. Da diese Kennwerte auf die deutsche Norm DIN276 bezogen sind, bedarf es einer Übersetzung auf die ÖNORM 1801-1. Dies bedeutet der gewählte Kostenkennwert bezieht dich auf die deutschen Kostengruppen 300 Bauwerk – Baukonstruktion und 400 Bauwerk – technische Anlagen. Diese beiden Gruppen entsprechen den Bauwerkskosten (BWK) der ÖNORM 1801-1 und beinhalten die Kostenbereiche Bauwerk – Rohbau (KB02), Bauwerk – Technik (KB03) und Bauwerk – Ausbau (KB04).
Der Kostenkennwert welcher für die €/m² BGF gewählt wird liegt zwischen 710 €/m² und 990 €/m². Da es sich in diesem Fall um einen Bungalow und nicht um ein Einfamilienhaus handelt, wird der Kennwert von **750 €/m² BGF** gewählt.[25]

Bungalows:	Fläche:	Anzahl:	BGF [m²]	BGF [m²]	Kostenkennwert [€/m² BGF]	Bauwerkskosten
Zwei-Personen	43,75	61	2.668,75	5.350,00	**750,00**	**€ 4.012.500,00**
2+2-Personen	56,25	11	618,75			
Vier-Personen	62,50	19	1.187,50			
4+2-Personen	87,50	10	875,00			

Tab. 25 Bauwerkskosten reine Bungalownutzung

Der Kostenkennwert aus dem BKI wird mit den Bruttogrundflächen der Bungalows multipliziert. Somit erhält man Bauwerkskosten in Höhe von **€ 4.012.500**. Um auf die Gesamtkosten zu kommen werden diese in den Kostenrahmen eingesetzt, wodurch die übrigen Kostenbereiche anhand von Prozentsätzen errechnet werden.

25 Vgl. BKI 2014, 326.

Da sich das Grundstück bereits im Besitz des Bauherrn befindet, ist der Grundstückskaufpreis für die Berechnung nicht relevant.

Kostenbereich		Kosten [€]	% an BWK	Bemerkung
KB 0	Grundstück	-	-	
KB 1	Aufschließung	316.987,50	7,90%	Mittelwert aus BKI-Kennwerten
KB 2	Bauwerk - Rohbau	4.012.500,00	100,00%	Berechnet mittels BKI - Kennwerten (BGF Bungalows x Kostenkennwert)
KB 3	Bauwerk - Technik			
KB 4	Bauwerk - Ausbau			
KB 5	Einrichtung	128.400,00	3,20%	Mittelwert aus BKI-Kennwerten
KB 6	Außenanlagen	369.150,00	9,20%	Mittelwert aus BKI-Kennwerten
KB 7	Honorare	401.250,00	10,00%	Architekt, Tragwerksplaner, Fachplaner,...
KB 8	Nebenkosten	96.540,75	2,00%	Bewilligungen, Anschlussgebühren, Gutachten, Versicherungen,
KB 9	Reserven	724.055,63	15,00%	Reservemittel für Unvorhergesehenes
KB 2-4	Bauwerkskosten	4.012.500,00	-	Summe aus den KB 2-4
KB 1-6	Baukosten	4.827.037,50	-	Summe aus den KB1-6
KB 1-9	Errichtungskosten	6.048.883,88	-	Summe aus den KB1-9
KB 0-9	Gesamtkosten	6.048.883,88	-	Summe aus den KB0-9
	Nebenkosten	907.332,58	15,00%	Finanzierungskosten, Provisionen, Marketing
	Investitionskosten	**6.956.216,46**		

Tab. 26 Kostenrahmen reine Bungalownutzung

Anhand der Tabelle 26 „Kostenrahmen reine Bungalownutzung" ergeben sich Gesamtkosten in Höhe von **€ 6.048.833,88**. Um auf die Investitionskosten für die Errichtung der Bungalows zu kommen, werden Gesamt- und Nebenkosten addiert. Die Investitionskosten belaufen sich auf € 6.956.216,46 und werden im nächsten Schritt benötigt.

Vergleich Rohertrag / Investitionskosten:

Folgende Werte beziehen sich auf eine theoretische Bebauung in ihrer maximalen Form, welche auf dem Grundstück möglich wäre. In der Realität ist diese Zahl nicht möglich, sie dient lediglich dem Vergleich der Unterkunftsformen untereinander.

Um den Rahmen der Arbeit nicht zu überschreiten wird hier die Verhältniszahl von Rohertrag und Investitionskosten verwendet, um die Unterkunftsformen miteinander zu vergleichen. Im Normalfall würde man hier die Rendite berechnen, jedoch wäre dafür der Reinertrag notwendig und ebenfalls müsste die Nutzungsdauer einbezogen werden. Da die Berechnung des Reinertrages und der Einfluss der Nutzungsdauer einen erheblichen Mehraufwand verursachen würden, wird hier diese Verhältniszahl verwendet: Die Verhältniszahl errechnet sich aus Jahresrohertrag aus der Tabelle 23 „Jahresrohertrag bei Reinnutzung" geteilt durch die Investitionskosten aus Tabelle 24 „Investitionskosten 3- und 4-Sterne-Hotel" und Tabelle 26 „Kostenrahmen reine Bungalownutzung" mal 100. Daraus ergibt sich die Verhältniszahl in Prozent.

Rohertrag / Investitionskosten	Rohertrag	Investitionskosten	
4-Sterne-Hotel	€ 1.966.968,85	€ 13.776.000,00	14,278%
3-Sterne-Hotel	€ 1.647.437,33	€ 10.718.500,00	15,370%
Bungalows	€ 745.257,39	€ 6.956.216,46	10,714%

Tab. 27 Rohertrag/Investitionskosten 4-Stern, 3-Stern-Hotel und Bungalows

Fazit des Kapitels

Aufgrund der zuvor genannten Bebauungsdichte ergibt sich eine Bruttogrundfläche von **5.352,8 m²**. Auf Basis dieser Fläche würden **97 Zimmer** eines **3-Sterne-Hotels** und **82 Zimmer** eines **4-Sterne-Hotels** Platz finden. Bei den Bungalows würden sich **101 Bungalows** ausgehen, diese teilen sich auf in:

- 61 Zwei-Personen-Bungalows mit je 43,75 m²
- 11 2+2-Personen-Bungalows mit je 56,25 m²
- 19 Vier-Personen-Bungalows mit je 62,5 m²
- 10 4+2-Personen-Bungalows mit je 87,5 m²

Für das 3-Sterne-Hotel ergeben sich Investitionskosten in Höhe von **€ 10.718.500**, beim 4-Sterne-Hotel von **€ 13.776.000** und bei den Bungalows ergeben sich Investitionskosten von **€ 6.956.216,46**.
Anhand der zuvor Untersuchten durchschnittlichen Zimmerpreise der unterschiedlichen Beherbergungsklassen wird der Jahresrohertrag berechnet. Dieser wird mit den Investitionskosten in ein Verhältnis gesetzt.
So erhält man die Verhältniszahl von Rohertrag und Investitionskosten der Unterkunftsformen. Dieser Vergleich ist dementsprechend positiv für die 3-Sterne-Hotels ausgefallen.

04 Wettbewerbsanalyse

4 Wettbewerbsanalyse

Ziel der Wettbewerbsanalyse ist es konkurrierende Immobilienprojekte zu erfassen und zu untersuchen, damit es mit dem eigenen Projekt in Vergleich gesetzt werden kann. Dies erfolgt über einen Kriterienkatalog, welcher alle relevanten Faktoren berücksichtigt.

Auf diese Weise wird die Konkurrenzfähigkeit des eigenen Immobilienprojektes überprüft und gegebenenfalls kann das Nutzungskonzept adaptiert werden.[26]

In diesem Fall wurden Konkurrenzunternehmen im Bereich der 4-Sterne-Hotels, 3-Sterne-Hotels sowie den Bungalows untersucht.

Beschreibung Kriterienkatalog

- **Standort:**
  direkte Umgebung des betroffenen Hotels, in natürlicher Landschaft oder im innerörtlichen Raum, umgeben von Gebäuden
- **Zielgruppe:**
  sportlich aktive Gäste, Familien mit kleinen Kindern, Wellnessgäste
- **Angebote:**
  zusätzliche Angebote, die das herkömmliche Hotelangebot überschreiten
- **Gebäudestil / Erscheinungsbild:**
  Modernes Gebäude und Zimmer oder rustikales, ländliches Hotel im traditionellen Stil
- **Durchschnittlicher Zimmerpreis:**
  Zimmerpreis über alle Zimmertypen, inklusive den Schwankungen zwischen Haupt- und Nebensaisonen
- **Lage zum Zentrum:**
  Entfernung in Kilometern zum Zentrum von Bad Mitterndorf
- **Lage zur Therme :**
  Entfernung in Kilometern zur Therme
- **Lage zum Skilift:**
  Entfernung in Kilometern zum Skilift
- **Lage zum Stausee:**
  Entfernung in Kilometern zum Stausee
- **Lage zur Loipe:**
  Entfernung in Kilometern zur Loipe
- **Extras für Sportler:**
  Angebote welche speziell für Sportler sind
- **Kapazitäten:**
  Anzahl der buchbaren Zimmer

26Vgl. Alda/Hirscher 2014, 141.

Beherbergungsstätten		4-Sterne-Hotel									
		4H0		4H1		4H2		4H3		4H4	
Kriterienkatalog	Gewicht	Punkte	Ergebnis	Punkte	Ergebnis	Punkte	Ergebnis	Punkte	Ergebnis	Punkte	Ergebnis
Standortqualität	10%	80	8	80	8	85	8,5	50	5	55	5,5
Zielgruppe	6%	75	4,5	40	2,4	80	4,8	50	3	70	4,2
Angebote	7%	40	2,8	50	3,5	85	5,95	65	4,55	70	4,9
Gebäudestil / Erscheinungsbild	4%	85	3,4	35	1,4	65	2,6	60	2,4	80	3,2
Durchschn. Zimmerpreis	12%	60	7,2	30	3,6	20	2,4	80	9,6	75	9
Lage zum Zentrum	9%	40	3,6	20	1,8	40	3,6	85	7,65	65	5,85
Lage zur Therme	9%	95	8,55	70	6,3	100	9	55	4,95	40	3,6
Lage zum Skilift	9%	25	2,25	20	1,8	30	2,7	55	4,95	60	5,4
Lage zum Stausee	9%	65	5,85	80	7,2	60	5,4	50	4,5	50	4,5
Lage zur Loipe	9%	85	7,65	60	5,4	90	8,1	70	6,3	90	8,1
Extras für Sportler	8%	55	4,4	55	4,4	60	4,8	45	3,6	55	4,4
Kapazitäten	8%	65	5,2	70	5,6	85	6,8	30	2,4	60	4,8
Summe	100%	770	**63,40**	610	**51,40**	800	**64,65**	695	**58,90**	770	**63,45**

Tab. 28 Wettbewerbsanalyse 4-Sterne-Hotels

4-Sterne-Hotel	Ergebins
4H0 ProjektHotel	63,40
4H1 OptimaMed Gesundheitsresort	51,40
4H2 Aldiana Salzkammergut	64,65
4H3 Hotel Kogler	58,90
4H4 Hotel Grimmingblick	63,45

Tab. 29 Ergebnis Wettbewerbsanalyse 4-Sterne-Hotels

Anhand der Tabellen 29 „Ergebnis Wettbewerbsanalyse 4-Sterne-Hotel" wird ersichtlich, dass es in der Marktgemeinde Bad Mitterndorf im Bereich der 4-Sterne-Hotels starke bzw. ausgeglichene Konkurrenzhotels gibt. Die Auswertung veranschaulicht wie eng die Ergebnisse von 4H0, 4H2 und 4H4 zusammenliegen. Dies bedeutet eine starke Konkurrenz in der unmittelbaren Umgebung. Aus diesem Grund besteht die Gefahr von den „Platzhirschen" verdrängt zu werden und es ist nicht sinnvoll in diesen Markt einzugreifen.

Beherbergungsstätten		3-Sterne-Hotel									
		3H0		3H1		3H2		3H3		3H4	
Kriterienkatalog	Gewicht	Punkte	Ergebnis	Punkte	Ergebnis	Punkte	Ergebnis	Punkte	Ergebnis	Punkte	Ergebnis
Standortqualität	10%	85	8,5	40	4	55	5,5	60	6	80	8
Zielgruppe	6%	75	4,5	60	3,6	50	3	55	3,3	55	3,3
Angebote	7%	75	5,25	75	5,25	50	3,5	40	2,8	70	4,9
Gebäudestil / Erscheinungsbild	4%	85	3,4	80	3,2	25	1	85	3,4	70	2,8
Durchschn. Zimmerpreis	12%	60	7,2	45	5,4	85	10,2	55	6,6	60	7,2
Lage zum Zentrum	9%	35	3,15	95	8,55	60	5,4	75	6,75	45	4,05
Lage zur Therme	9%	85	7,65	70	6,3	50	4,5	65	5,85	45	4,05
Lage zum Skilift	9%	50	4,5	65	5,85	70	6,3	65	5,85	75	6,75
Lage zum Stausee	9%	80	7,2	55	4,95	55	4,95	55	4,95	65	5,85
Lage zur Loipe	9%	85	7,65	70	6,3	80	7,2	55	4,95	70	6,3
Extras für Sportler	8%	35	2,8	40	3,2	10	0,8	10	0,8	10	0,8
Kapazitäten	8%	50	4	20	1,6	15	1,2	15	1,2	20	1,6
Summe	100%	800	**65,80**	715	**58,20**	605	**53,55**	635	**52,45**	665	**55,60**

Tab. 30 Wettbewerbsanalyse 3-Sterne-Hotels

3-Sterne-Hotel	Ergebins
3H0 ProjektHotel	65,80
3H1 Hotel Post	58,20
3H2 Hotel Igelheim	53,55
3H3 Hotel Ausseerland	52,45
3H4 Hotel Aquamarin	55,60

Tab. 31 Ergebnis Wettbewerbsanalyse 3-Sterne-Hotels

Die Tabelle 31 „Ergebnis Wettbewerbsanalyse 3-Sterne-Hotel" zeigt, dass das Ergebnis des Projekthotels in der 3-Sterne-Kategorie durchaus einen respektablen Punkteabstand zu den weiteren 3-Sterne-Hotels aufweist. Daher ist es durchaus sinnvoll die Errichtung eines 3-Sterne-Hotels auf der Projektliegenschaft in Erwägung zu ziehen.

Beherbergungsstätten		Bungalows									
		BW0		BW1		BW2		BW3		BW4	
Kriterienkatalog	Gewicht	Punkte	Ergebnis	Punkte	Ergebnis	Punkte	Ergebnis	Punkte	Ergebnis	Punkte	Ergebnis
Standortqualität	10%	70	7	55	5,5	40	4	65	6,5	75	7,5
Zielgruppe	6%	55	3,3	45	2,7	45	2,7	45	2,7	45	2,7
Angebote	7%	60	4,2	60	4,2	30	2,1	65	4,55	60	4,2
Gebäudestil / Erscheinungsbild	4%	80	3,2	70	2,8	65	2,6	75	3	80	3,2
Durchschn. Zimmerpreis	12%	70	8,4	65	7,8	85	10,2	50	6	40	4,8
Lage zum Zentrum	9%	55	4,95	75	6,75	80	7,2	70	6,3	50	4,5
Lage zur Therme	9%	85	7,65	50	4,5	75	6,75	50	4,5	70	6,3
Lage zum Skilift	9%	55	4,95	70	6,3	60	5,4	70	6,3	50	4,5
Lage zum Stausee	9%	80	7,2	65	5,85	50	4,5	65	5,85	70	6,3
Lage zur Loipe	9%	80	7,2	70	6,3	70	6,3	70	6,3	85	7,65
Extras für Sportler	8%	70	5,6	70	5,6	20	1,6	75	6	75	6
Kapazitäten	8%	75	6	40	3,2	20	1,6	20	1,6	45	3,6
Summe	100%	835,00	**69,65**	735,00	**61,50**	640,00	**54,95**	720,00	**59,60**	745,00	**61,25**

Tab. 32 Wettbewerbsanalyse Bungalows

Bungalows	Ergebins
BW0 Projekt Hotel	69,65
BW1 Appartementhaus Theresia	61,50
BW2 Appartements am Kurpark	54,95
BW3 Appart- und Familienhotel Montana	59,60
BW4 Sportappartements Gaiswinkler	61,25

Tab. 33 Ergebnis Wettbewerbsanalyse Bungalows

Ähnlich wie bei den 3-Sterne-Hotels verhält es sich bei den Bungalows. Der Abstand ist nicht so immens, jedoch ausreichend um eine Teilnutzung des Grundstückes im Bereich der Bungalows zu erwägen.

05 Nutzwertanalyse

5 Nutzwertanalyse

Anhand der Nutzwertanalyse werden verschiedene Alternativen miteinander in Vergleich gesetzt und objektiv bewertet. Hierzu werden verschiedene Kriterien mit einer Gewichtung versehen und dann auf die Varianten umgelegt. Dies soll helfen eine nachvollziehbare Entscheidung zu treffen.[27]

In diesem Fall werden die vorangegangenen Analysen für die unterschiedlichen Beherbergungstypen gesammelt und nachvollziehbar dargestellt. Bei den Kriterien entfällt die Standortanalyse, da sie sich auf die Projektliegenschaft bezieht und diese bei jedem Beherbergungsprojekt dieselbe ist.

27Vgl. PROMIDIS 2015, 1.

Nutzwertanalyse		Beherbergungstyp					
		4-Sterne-Hotels		3-Sterne-Hotels		Bungalows	
Hard Facts	Gewicht	Punkte	Ergebnis	Punkte	Ergebnis	Punkte	Ergebnis
Marktanalyse							
Auslastung	7%	60	4,2	40	2,8	20	1,4
Auslastungsentwicklung	5%	40	2	70	3,5	50	2,5
Nächtigungszahlenentwicklung	5%	50	2,5	40	2	30	1,5
Bettenanzahlentwicklung	5%	30	1,5	50	2,5	70	3,5
Nutzungskonzeptanalyse							
mögliche Zimmeranzahl	8%	65	5,2	75	6	80	6,4
Zimmerpreise	10%	60	6	80	8	70	7
Rohertrag p.a.	8%	80	6,4	65	5,2	40	3,2
Euro pro m² BGF	8%	60	4,8	50	4	45	3,6
Investitionskosten	10%	40	4	60	6	75	7,5
Wirtschaftlichkeit	10%	65	6,5	70	7	40	4
Wettbewerbsanalyse							
Konkurrentenvergleich	10%	30	3	80	8	65	6,5
Soft Facts	Gewicht	Punkte	Ergebnis	Punkte	Ergebnis	Punkte	Ergebnis
Image Bad Mitterndorf	4%	50	2	55	2,2	60	2,4
Politische Gedanken	5%	50	2,5	60	3	50	2,5
Prognose	5%	45	2,25	70	3,5	55	2,75
Summe	100%	725	**52,85**	865	**63,70**	750	**54,75**

Tab. 34 Nutzwertanalyse

Die Nutzwertanalyse führt zur Entscheidung wie sich das Projekt weiter entwickeln wird. Aufgrund dieses Ergebnisses wird ein **3-Sterne-Hotel in Kombination mit Bungalows** weiter bearbeitet. Die Zusammenführung von Hotel und Bungalows, kommt aus dem Gedanken, dass die Bungalows großes Potential aufweisen, welches mit einem professionellen Marketing durchaus genutzt werden sollte.

Bei dem 4-Sterne-Hotel ist unter anderem die starke Konkurrenz in der Umgebung ein relevanter Faktor, welcher gegen sie spricht.

06 Bebauungsverteilung für Mischnutzung

6 Bebauungsverteilung für Mischnutzung

6.1 Mischnutzung

Verteilung Zimmer Bungalows	3-Sterne-Hotel	Bungalows
Durchschnittliche Jahresauslastung	37,54%	17,21%
Durchschnittliche Vollbelegstage	136	62,2
Durchschnittlicher Preis pro Nacht	123,97	118,63
Rohertrag pro Zimmer und Jahr	16.859,92	7.378,79
Zimmer	97	101
Rohertrag [€]	1.635.412,24	745.257,39
Rohertrag pro BGF und Jahr [€]	305,52	139,23
Prozent	69%	31%

Tab. 35 Mischnutzung Verteilung Zimmer/Bungalows

Diese Tabelle zeigt die Jahreseinnahmen der 3-Sterne-Hotels bzw. der Bungalows, die auf den Quadratmeter BGF heruntergerechnet werden. Dadurch ergibt sich ein Prozentsatz, welcher auf die Verteilung der Hotelzimmer und Bungalows angewendet wird. Hinzuzufügen ist, dass sich die Jahresauslastung der Bungalows auf die private Vermarktung bezieht. Daher ist davon auszugehen, dass mit einem professionellen Marketing eine höhere Auslastung erzielt wird.

Mittels dieser Analyse wird ein grober Wert für eine Mischnutzung ermittelt, der später in verschiedenen Verhältnissen weiter untersucht wird.

Mischnutzung 70/30

Die erarbeiteten Prozentsätze (Tabelle 35) werden auf die maximale Bebauung von 5.352,8m² BGF bezogen. Somit erhält man gerundet 70% der BGF für das 3-Sterne-Hotel und 30% für die Bungalows. Dies bedeutet in Flächenwerten 3.746,96 m² für das Hotelgebäude und 1.605,84 m² für die Bungalows. Auf diese Flächen verteilen sich, basierend auf den 55m² BGF pro Zimmer, **68 Zimmer und 30 Bungalows**. Sie teilen sich wie folgt auf:

- 17 Zwei-Personen-Bungalows mit je 43,75 m²
- 4 2+2-Personen-Bungalows mit je 56,25 m²
- 6 Vier-Personen-Bungalows mit je 62,5 m²
- 3 4+2-Personen-Bungalows mit je 87,5 m²

Mischnutzung 50/50

In dieser Variante wird eine Aufteilung von 50/50 untersucht. Die Prozentsätze werden auf die maximale Bebauung von 5.352,8 m² BGF bezogen. Somit erhält man gerundet 50% der BGF für das 3-Sterne-Hotel und 50% für die Bungalows. Dies bedeutet in Flächenwerten 2.676,4m² für das Hotelgebäude und 2.676,4 m² für die Bungalows. Auf diese Flächen verteilen sich, basierend auf den 55m² BGF pro Zimmer, **48 Zimmer und 50 Bungalows**. Sie teilen sich wie folgt auf:

- 30 Zwei-Personen-Bungalows mit je 43,75 m²
- 5 2+2-Personen-Bungalows mit je 56,25 m²
- 10 Vier-Personen-Bungalows mit je 62,5 m²
- 5 4+2-Personen-Bungalows mit je 87,5 m²

Mischnutzung 40/60

In dieser Variante wird eine Aufteilung von 40/60 untersucht. Die Prozentsätze werden auf die maximale Bebauung von 5.352,8 m² BGF bezogen. Somit erhält man gerundet 40% der BGF für das 3-Sterne-Hotel und 60% für die Bungalows. Dies bedeutet in Flächenwerten 2.141,12 m² für das Hotelgebäude und 3.211,68 m² für die Bungalows. Auf diese Flächen verteilen sich, basierend auf den 55m² BGF pro Zimmer, **39 Zimmer und 60 Bungalows**. Sie teilen sich wie folgt auf:

- 35 Zwei-Personen-Bungalows mit je 43,75 m²
- 7 2+2-Personen-Bungalows mit je 56,25 m²
- 12 Vier-Personen-Bungalows mit je 62,5 m²
- 6 4+2-Personen-Bungalows mit je 87,5 m²

Mischnutzung 80/20

In dieser Variante wird eine Aufteilung von 80/20 untersucht. Die Prozentsätze werden auf die maximale Bebauung von 5.352,8 m² BGF bezogen. Somit erhält man gerundet 80% der BGF für das 3-Sterne-Hotel und 20% für die Bungalows. Dies bedeutet in Flächenwerten 4.282,24 m² für das Hotelgebäude und 1.070,56 m² für die Bungalows. Auf diese Flächen verteilen sich, basierend auf den 55m² BGF pro Zimmer, 78 Zimmer und 20 Bungalows. Sie teilen sich wie folgt auf:

- 12 Zwei-Personen-Bungalows mit je 43,75 m²
- 2 2+2-Personen-Bungalows mit je 56,25 m²
- 4 Vier-Personen-Bungalows mit je 62,5 m²
- 2 4+2-Personen-Bungalows mit je 87,5 m²

6.2 Einfache Wirtschaftlichkeitsanalyse

Hier werden die Mischnutzungsvarianten in ihrer Wirtschaftlichkeit verglichen und es wird sich für eine Variante entschieden, die weiter bearbeitet wird. Die durchschnittliche Jahresauslastung der Bungalows wird auf 22% angehoben, da durch ein professionelles Marketing eine Steigerung zu erwarten ist.
Um die Berechnung der Investitionskosten der Bungalows zu vereinfachen, werden auf Basis der vorangegangenen Kostenermittlung in Kapitel "3.4.1 Vergleiche der Unterkunftsformen" die durchschnittlichen Investitionskosten pro Bungalow verwendet. Für die Hotelinvestitionskosten wird ebenfalls wie in Kapitel "3.4.1 Vergleiche der Unterkunftsformen" der Richtwert in Höhe von € 110.500 pro Zimmer herangezogen. Die durchschnittlichen Investitionskosten der Bungalows liegen bei € 6.8873,43 pro Bungalow.

Verteilung Zimmer Bungalows 80/20	3-Sterne-Hotel	Bungalows
Durchschnittliche Jahresauslastung	37,54%	22,00%
Durchschnittliche Vollbelegstage	137	80
Durchschnittlicher Zimmerpreis pro Nacht	123,97	118,63
Rohertrag pro Zimmer und Jahr	16.986,49	9.525,99
Zimmer	78	20
Rohertrag [€]	1.324.946,48	190.519,78
Rohertrag Gesamt [€]	1.515.466,26	
Investitionskosten [€]	8.619.000	1.377.468,60
Investitionskosten Gesamt [€]	9.996.468,60	

Tab. 36 Wirtschaftlichkeitsanalyse Mischnutzung 80/20

Verteilung Zimmer Bungalows 70/30	3-Sterne-Hotel	Bungalows
Durchschnittliche Jahresauslastung	37,54%	22,00%
Durchschnittliche Vollbelegstage	137	80
Durchschnittlicher Zimmerpreis pro Nacht	123,97	118,63
Rohertrag pro Zimmer und Jahr	16.986,49	9.525,99
Zimmer	68	30
Rohertrag [€]	1.155.081,55	285.779,67
Rohertrag Gesamt [€]	1.440.861,22	
Investitionskosten [€]	7.514.000,00	2.066.202,99
Investitionskosten Gesamt [€]	9.580.202,90	

Tab. 37 Wirtschaftlichkeitsanalsye Mischnutzung 70/30

Verteilung Zimmer Bungalows 50/50	3-Sterne-Hotel	Bungalows
Durchschnittliche Jahresauslastung	37,54%	22,00%
Durchschnittliche Vollbelegstage	137	80
Durchschnittlicher Zimmerpreis pro Nacht	123,97	118,63
Rohertrag pro Zimmer und Jahr	16.986,49	9.525,99
Zimmer	48	50
Rohertrag [€]	815.351,68	476.299,45
Rohertrag Gesamt [€]	1.291.651,13	
Investitionskosten [€]	5.304.000,00	3.443.671,50
Investitionskosten Gesamt [€]	8.747.671,50	

Tab. 38 Wirtschaftlichkeitsanalsye Mischnutzung 50/50

Verteilung Zimmer Bungalows 40/60	3-Sterne-Hotel	Bungalows
Durchschnittliche Jahresauslastung	37,54%	22,00%
Durchschnittliche Vollbelegstage	137	80
Durchschnittlicher Zimmerpreis pro Nacht	123,97	118,63
Rohertrag pro Zimmer und Jahr	16.986,49	9.525,99
Zimmer	39	60
Rohertrag [€]	662.473,24	571.559,34
Rohertrag Gesamt [€]	1.234.032,58	
Investitionskosten [€]	4.309.500,00	4.132.405,00
Investitionskosten Gesamt [€]	8.441.905,80	

Tab. 39 Wirtschaftlichkeitsanalsye Mischnutzung 40/60

Auswertung und Variantenentscheid

Um eine Entscheidung für eine Variante zu treffen werden wie in Kapitel „3.4.1 Vergleiche der Unterkunftsformen" die Roherträge und die Investitionskosten der jeweiligen Zimmer- und Bungalowverteilungen in ein Verhältnis gesetzt.

Rohertrag / Investitionskosten	Rohertrag pro Jahr	Investitionskosten	
Zimmer Bungalows 100/0	€ 1.635.412,24	€ 10.718.500,00	15,26 %
Zimmer Bungalows 80/20	€ 1.515.466,26	€ 9.996.468,60	15,16 %
Zimmer Bungalows 70/30	€ 1.440.861,22	€ 9.580.202,90	15,04 %
Zimmer Bungalows 50/50	€ 1.291.651,13	€ 8.747.671,55	14,77 %
Zimmer Bungalows 40/60	€ 1.234.032,58	€ 8.441.905,80	14,62 %
Zimmer Bungalows 0/100	€ 745.257,39	€ 6.956.216,43	10,71 %

Tab. 40 Rohertrag/Investitionskosten Mischnutzung

Ähnlich wie in den vorrangegangenen Analysen zeigen die Hard Facts, dass eine reine Hotelnutzung mehr Sinn machen würde. Jedoch beachtet man auch die subjektiven Fakten - beispielsweise die Prognose für die Bungalows - dann ist es das um 0,22% niedrigere Rohertrag-Investitionskostenverhältnis jedenfalls Wert auch den Bungalows Aufmerksamkeit zu schenken. Somit wird für eine **70/30 Verteilung** von Hotel- und Bungalownutzung entschieden.

07 Ausgangslage für weitere Entwurfsarbeiten

7 Ausgangslage für weitere Entwurfsarbeiten

Nach den vorangegangenen Analysen und Untersuchungen fällt die Entscheidung auf eine Mischnutzung zweier Beherbergungsformen. Diese sind ein 3-Sterne-Hotel und Bungalows in verschiedenen Größen. Das Hotel und die Bungalows werden selbstverständlich voneinander profitieren.
Des Weiteren liegt der Schwerpunkt des Hotels auf Sport- und Freizeitaktivitäten und soll den Gästen mit verschiedenen Angeboten in diesem Bereich den bestmöglichen Komfort bieten.

Die Aufteilung liegt bei 70/30, dies bedeutet es werden 68 Hotelzimmer und 30 Bungalows errichtet. Die Bungalows teilen sich in folgende Größen auf:

- 17 Zwei-Personen-Bungalows mit je 43,75 m²
- 4 2+2-Personen-Bungalows mit je 56,25 m²
- 6 Vier-Personen-Bungalows mit je 62,5 m²
- 3 4+2-Personen-Bungalows mit je 87,5 m²

Hotel:

Wie bereits beschrieben geht das Hotel speziell auf die Bedürfnisse der sportlich aktiven Gäste ein. Dies erfolgt über die Bereitstellung verschiedenster Funktionen, welche die Gäste benötigen. Im Hotel wird es einen Ski- bzw. Skischuhraum sowie einen Fahrrad- und Trockenraum geben. Des Weiteren wird man im Hotel einen gemütlichen Ruheraum sowie einen kleinen Saunabereich finden, welcher nach einem anstrengenden Tag zur Erholung dient.

Die Zimmergrößen unterteilen sich in Zwei-, Drei- und Familienzimmer. Jedes Zimmer hat Zugang zu einem eigenen Badezimmer.
Neben den erholsamen Zimmern gibt es auch einen großzügigen Frühstücksraum, in dem den Besuchern ein Auftanken ihrer Energiereserven ermöglicht wird.

Bungalows:

Die Bungalows gibt es in den Größen Zwei-Personen, 2+2-Personen, Vier-Personen und 4+2-Personen. Für die zusätzlichen Gäste, wie in den 4+2-Personen-Bungalows, steht eine gemütliche Ausziehcouch zur Verfügung. Die Bungalows haben alle eine Küchenzeile sowie mindestens ein Badzimmer um sich optimal selbst zu versorgen. Die Nutzung des Saunabereiches im Hotel ist den Bungalowgästen ebenfalls gestattet.

	3-Sterne-Hotel	Bungalows
Hoteltyp	Sport- und Freizeithotel	
Angebote	Fitness und Wellnessbereich	mitnutzbar
	moderne Zimmer mit Bad	großzügige Wohn/Esszimmer mit Küchenzeile und Bad
	Ski- und Fahrradraum	Skiabstellraum, Fahrradständer
	Parkplätze am Hotel	Überdachter Stellplatz
		direkte zufahrt mit Langlaufski oder Mountainbike
	parkähnliche Freiflächen	Privater Aussenbereich
	Fahrrad- und Skiwerkstatt	
	Fahrrad- und Langlaufskiverleih	
	ermäßigter Thermeneintritt	
	Busshuttle zu Skilift	
	direkter Anschluss an Loipe oder Mountainbikestrecken	
Zimmergrößen	Zweibettzimmer	2 Personen
	Mehrbettzimmer	2+2 Personen
	Familienzimmer	4 Personen
	Juniorsuiten	4+2 Personen
Bruttogrundfläche	3.746,96 m²	1.605,84 m²
Zimmer	68	30
Durchschnittliche Jahresauslastung	37,54%	22,00%
Durchschnittliche Vollbelegstage	137,02	80,3
Durchschnittlicher Zimmerpreis pro Nacht [€]	123,97	118,63

Tab. 41 Ausgangslage Entwurf

08 Wirtschaftlichkeitsberechnung

8 Wirtschaftlichkeitsberechnung

8.1 Investitionskosten

8.1.1 Hotels

Für die Errechnung der Investitionskosten des Hotels wird auf die Richtwerte für Investitionen zurückgegriffen. Diese bewegen sich bei 3-Sterne-Hotels im Rahmen von € 94.000 bis € 130.000 pro Zimmer.[28]

Investitionskosten	Zimmer	Richtwert/Zimmer	Investitionskosten
3-Sterne-Hotel	68	€ 110.500,00	€ 7.514.000,00

Tab. 42 Investitionskosten 3-Sterne-Hotel

Aufgrund der 68 Zimmer des 3-Sterne-Hotels und dem gewählten Richtwert ergeben sich Investitionskosten von jeweils € 7.514.000.

28Vgl. Ennemoser Wirtschaftsberatung 2017, 1.

8.1.2 Bungalows

Die Kostenermittlung der Bungalows erfolgt wie im Kapitel „4.4.1 Vergleich der Unterkunftsformen" bereits beschrieben. Es wird lediglich die Bungalowanzahl angepasst.

Bungalows:	Fläche:	Anzahl:	BGF [m²]	BGF [m²]	Kostenkennwert [€/m² BGF]	Bauwerkskosten
Zwei-Personen	43,75	17	743,75	1.606,25	750,00	€1.204.687,50
2+2-Personen	56,25	4	225,00			
Vier-Personen	62,50	6	375,00			
4+2-Personen	87,50	3	262,50			

Tab. 43 Bauwerkskosten Mischnutzung

Anhand dieser Baukosten werden mittels Prozentsätzen die Gesamt- und Investitionskosten ermittelt.

Kostenbereich		Kosten [€]	% an BWK	Bemerkung
KB 0	Grundstück	-	-	
KB 1	Aufschließung	95.170,31	7,90%	Mittelwert aus BKI-Kennwerten
KB 2	Bauwerk - Rohbau	1.204.687,50	100,00%	Berechnet mittels BKI - Kennwerten (BGF Bungalsos x Kostenkennwert)
KB 3	Bauwerk - Technik			
KB 4	Bauwerk - Ausbau			
KB 5	Einrichtung	38.550,00	3,20%	Mittelwert aus BKI-Kennwerten
KB 6	Außenanlagen	110.831,25	9,20%	Mittelwert aus BKI-Kennwerten
KB 7	Honorare	120.468,75	10,00%	Architekt, Tragwerksplaner, Fachplaner,...
KB 8	Nebenkosten	28.984,78	2,00%	Bewilligungen, Anschlussgebühren, Gutachten, Versicherungen,
KB 9	Reserven	217.385,86	15,00%	Reservemittel für Unvorhergesehenes
KB 2-4	Bauwerkskosten	1.204.687,50	-	Summe aus den KB 2-4
KB 1-6	Baukosten	1.449.239,06	-	Summe aus den KB1-6
KB 1-9	Errichtungskosten	1.816.078,45	-	Summe aus den KB1-9
KB 0-9	Gesamtkosten	1.816.078,45	-	Summe aus den KB0-9
	Nebenkosten	272.411,77	15,00%	Finanzierungskosten, Provisionen, Marketing
	Investitionskosten	**2.088.490,22**		

Tab. 44 Kostenrahmen Mischnutzung

Wie in der vorhergehenden Tabelle 44 „Kostenrahmen Mischnutzung" ersichtlich, betragen die Investitionskosten für alle Bungalows **€ 2.088.490,22**.
Um die Gesamtinvestition zu ermitteln, werden die Investitionskosten des Hotels mit den der Bungalows addiert. Somit kommt man auf die Gesamtinvestitionskosten in Höhe von **€ 9.602.490,22**.

8.2 Ermittlung des Jahresrohertrages

Der Jahresrohertrag wird mit Hilfe des durchschnittlichen Zimmerpreises pro Nacht und der durchschnittlichen Jahresauslastung ermittelt.
Die durchschnittliche Jahresauslastung der Bungalows wird auf 22% angehoben, da durch ein professionelles Marketing eine Steigerung zu erwarten ist.

Jahresrohertrag	3-Sterne Hotel	Bunglaows
Durchschnittliche Jahresauslastung	37,54%	22,00%
Durchschnittliche Vollbelegstage	137,02	80,3
Durchschnittlicher Zimmerpreis pro Nacht [€]	123,97	118,63
Rohertrag pro Zimmer und Jahr [€]	16.986,49	9.525,99
Zimmer	68	30
Rohertrag [€]	1.155.081,55	285.779,67
Rohertrag Gesamt [€]	1.440.861,22	

Tab. 45 Rohertrag Mischnutzung

Der Jahresrohertrag dieser Mischnutzung beträgt **€ 1.440.861,22**.

Fazit des Kapitels

Aus diesem Kapitel gehen Werte hervor, die für den Vergleich der Bebauungsvarianten benötigt werden, wie die Investitionskosten für Hotel- und Bungalownutzung sowie der Jahresrohertrag dieser beiden Nutzungen.

09 Bebauungsvariante

9 Bebauungsvariante

Im nächsten Kapitel wird der Entwurf für eine mögliche Bebauung erarbeitet, dieser wird auf drei Entwurfsvarianten beschränkt. Anhand dieser Varianten werden die Parameter, Wirtschaftlichkeit, Bruttogrundflächenausnutzung, Rohertrag-Investitionskostenverhältnis und räumlichen Qualitäten in Vergleich gesetzt.

Es soll gezeigt werden wie sich unterschiedliche Entwürfe in den zuvor genannten Punkten unterscheiden. Um dies für drei Entwurfsansätze zu veranschaulichen, werden sie im Detailierungsgrad einer Studie dargestellt. Die räumlichen und architektonischen Qualitäten werden mittels Stimmungsbildern gezeigt und greifbar gemacht.

Da die Entwurfsvarianten die behördlich vorgeschriebene Bebauungsdichte überschreiten, wird der Unterschied in den Varianten durch Wegstreichen einzelner Einheiten dargestellt. Somit wird gezeigt was es bedeuten würde, wenn man die Aufteilung und Diversität der Funktionen jeder Variante, unter Berücksichtigung der vorgegebenen Bebauungsdichte, beibehalten würde.

Das Wegstreichen der Einheiten wird je nach Bedarf auf Zimmer und Bungalows aufgeteilt, um das Rohertrag-Investitionskostenverhältnis nicht zu verfälschen.
Des Weitern werden die Unterschiede ebenfalls in Zahlenform festgehalten.
Um die Berechnung der Investitionskosten der Bungalows zu vereinfachen, werden auf Basis der vorangegangenen Kostenermittlung in Kapitel "8.1 Investitionskosten" die durchschnittlichen Investitionskosten pro Bungalow verwendet. Für die Hotelinvestitionskosten wird ebenfalls wie in Kapitel " 8.1 Investitionskosten" der Richtwert in Höhe von € 110.500 pro Zimmer herangezogen. Die durchschnittlichen Investitionskosten der Bungalows liegen bei € 69.616,34 pro Bungalow.

Die Basies für die folgenden Entwürfe wurde mit den vorangegangenen Analysen und Berechnungen gelegt, welche in Kapitel 7 „Fixierung - Ausgangslage für weitere Entwurfsarbeiten" fixiert wurde.

9.1 Entwurfsgrundlagen

9.1.1 Bungalows

Die Bungalows werden im Norden und Süden des Hotelgebäudes in kleinen Gruppen angeordnet. Im Norden befinden sich vermehrt Zwei- und Vier-Personen-Bungalows, südlich des Hotels werden 2+2- und 4+2-Personen-Bungalows situiert.

9.1.2 Wegführung

Die Wegführung ist an den benachbarten Bach angelehnt und führt an den östlichen und westlichen Grundgrenzen von Norden nach Süden. Im Norden des Grundstückes ist auch die Anbindung an das öffentliche Straßennetz.

Zusätzlich findet man auch Wege, welche durch und entlang der Bungalowgruppen führen, um eine optimale Erreichbarkeit zu gewährleisten.
Für die Zufahrt von Autos ist die östliche Straße entlang des benachbarten Hanges gedacht. Entlang dieser Straße befinden sich auch überdachte Parkplätze.

9.1.3 Parkplätze

Parkplätze sind im Bereich der Zufahrt, nordöstlich des Hotels und entlang der Zufahrtsstraße zu finden, sie liegen an den Nordostgrenzen des Grundstücks. Um die Fahrzeuge der Gäste bestmöglich zu schützen ist ein Großteil der Parkplätze überdacht.

9.1.4 Hotel

Das Hotel liegt als zentraler Baukörper etwa in mitten des Grundstücks und ist für optimale Belichtung südwestlich ausgerichtet. Das Hotel soll als verbindendes Element zwischen den beiden Bungalowfeldern agieren und keine Grenze darstellen. Jedoch soll der Hotelbaukörper trotzdem als eigenständig wahrgenommen werden und einen attraktiven Außenraum für die Gäste definieren. Die Flächen für die Funktionen des Hotelgebäudes wurden auf Basis von Kennwerten aus der Literatur abgeschätzt.

Zimmertypen

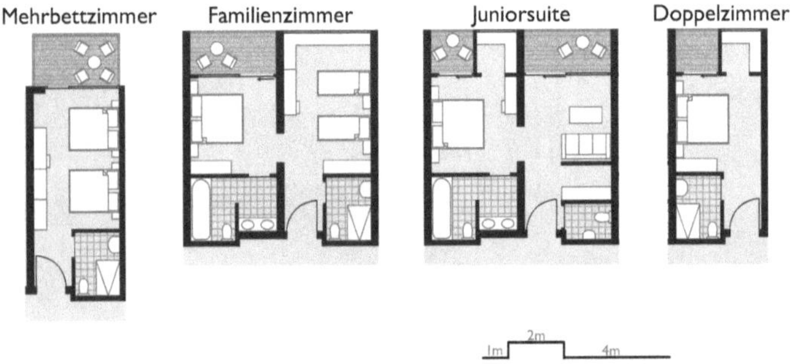

9.1.5 Soll-Kenngrößen

Tabelle 46 zeigt die Sollwerte, welche im theoretischen Teil der Arbeit erstellt wurden.

Kenngrößen SOLL	3-Sterne Hotel	Bungalows
Durchschnittliche Jahresauslastung	37,54%	22,00%
Durchschnittliche Vollbelegstage	137,02	80,3
Durchschnittlicher Zimmerpreis pro Nacht [€]	123,97	118,63
Rohertrag pro Zimmer und Jahr [€]	16.986,49	9.525,99
Zimmer	68	30
Rohertrag [€]	1.155.081,55	285.779,67
Rohertrag Gesamt [€]	1.440.861,22	
Investitionskoste [€]	7.514.000,00	2.088.490,20
Investitionskosten Gesamt [€]	9.602.490,20	
Rohertrag/Investitionskosten	15,01%	
Baulandfläche [m²]	17.842,81	
Bruttogrundfläche [m²]	3.746,96	1.605,84
Gesamt Bruttogrundfläche [m²]	5.352,80	
Bebauungsdichte	0,300	

Tab. 46 Kenngrößen Sollwerte

9.2 VARIANTE A

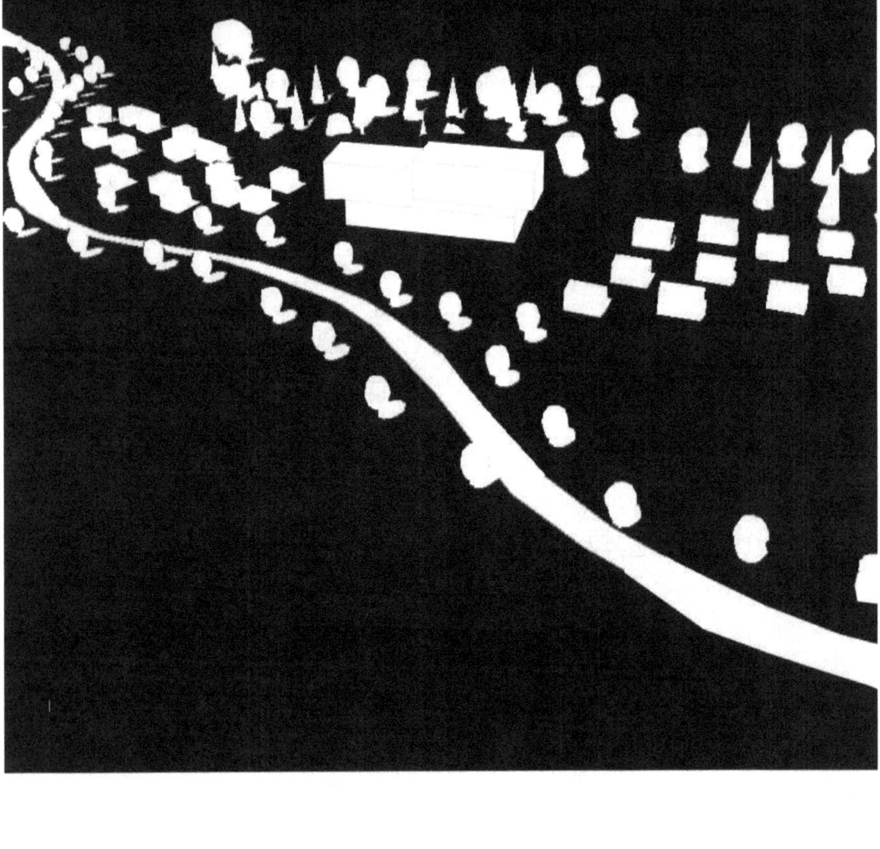

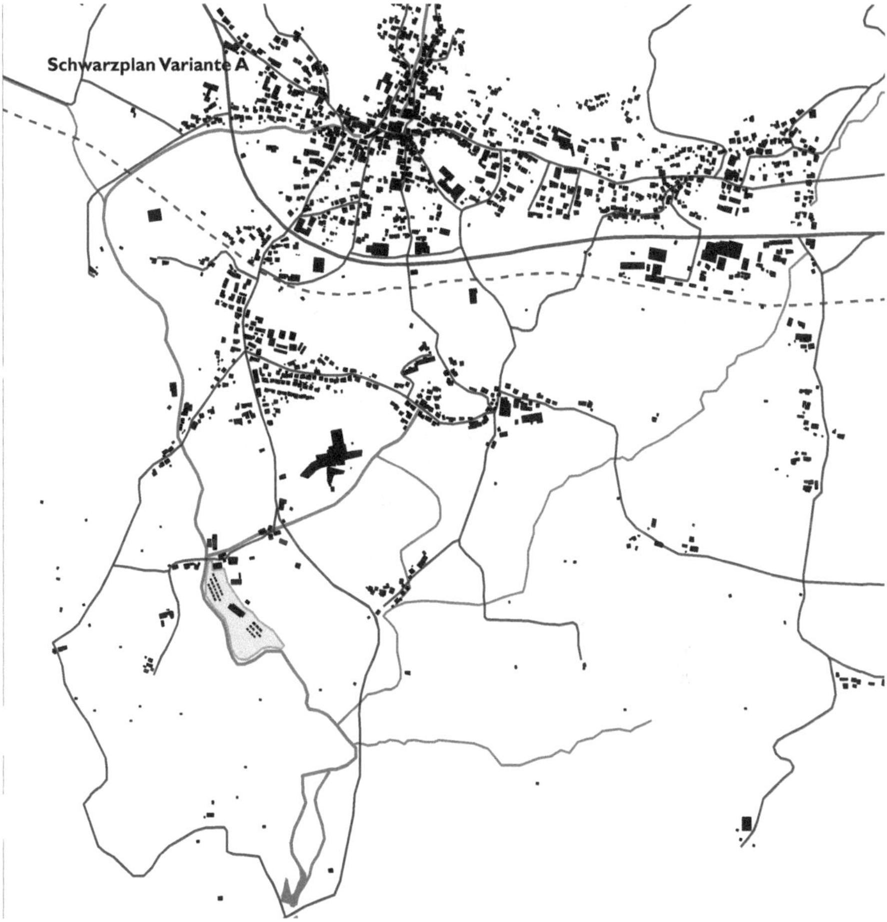
Schwarzplan Variante A

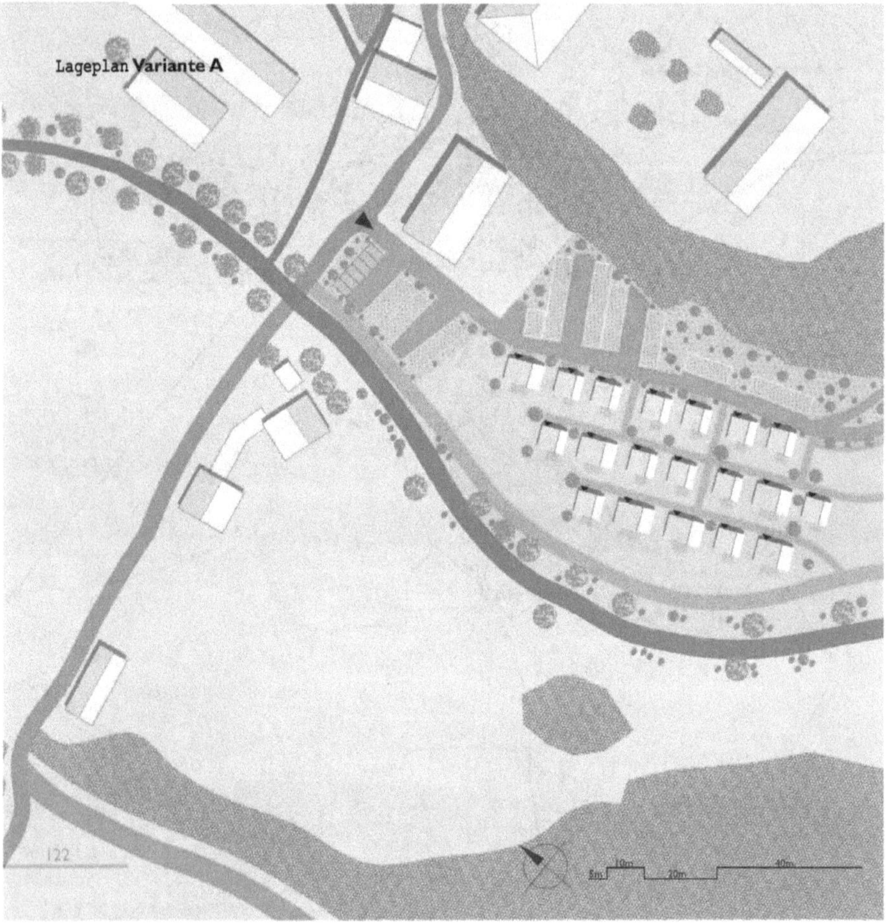

Lageplan Variante A

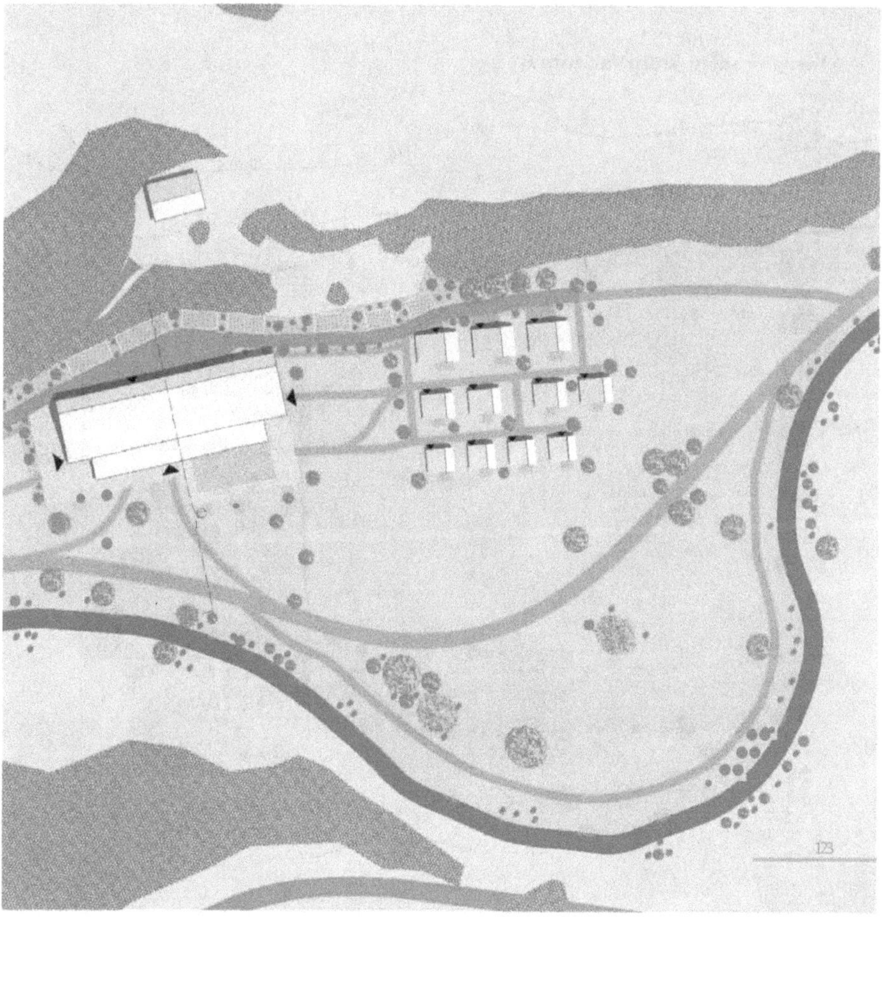

Funktionsdiagramm Variante A

190m² Lobby

45m² Shop für Mountainbike und Ski

48m² Administration

12m² Rezeption

40m² Toiletten Gast

38m² Aufenthaltsraum Mitarbeiter mit Toiletten

60m² Lager mit Kühllager und Anlieferung

36m² Küche

9m² Bar

36m² Abstellraum Ski und Bike

39m² / 76m² Seminarraum

113m² Frühstück und Restaurant

Erdgeschoss

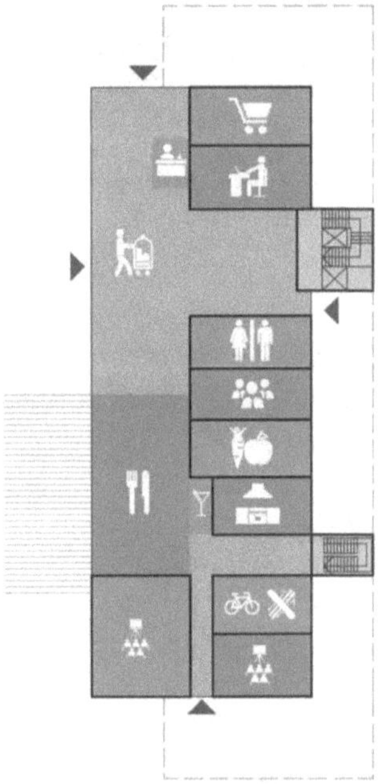

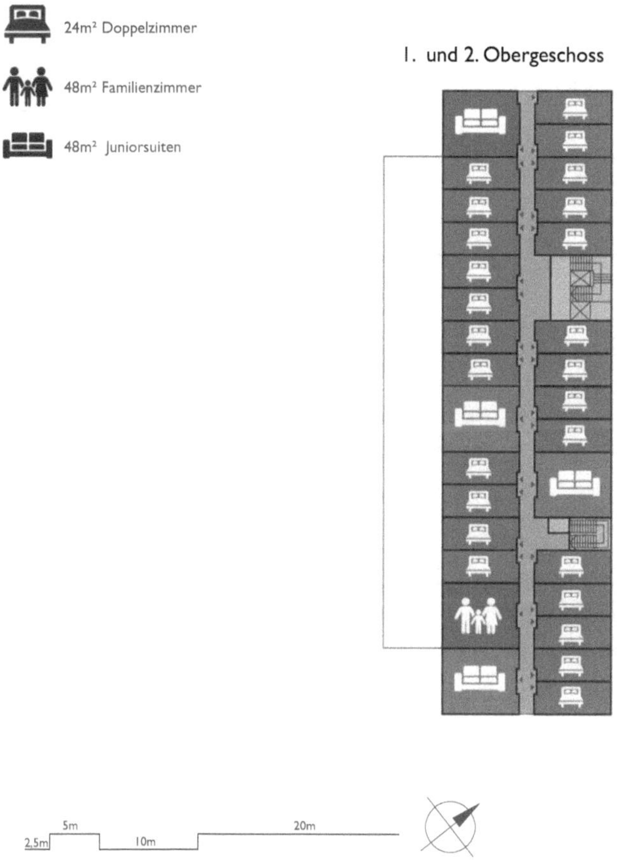
24m² Doppelzimmer
48m² Familienzimmer
48m² Juniorsuiten
1. und 2. Obergeschoss
2,5m
5m
10m
20m

24m² Doppelzimmer

48m² Familienzimmer

48m² Juniorsuiten

Dachgeschoss

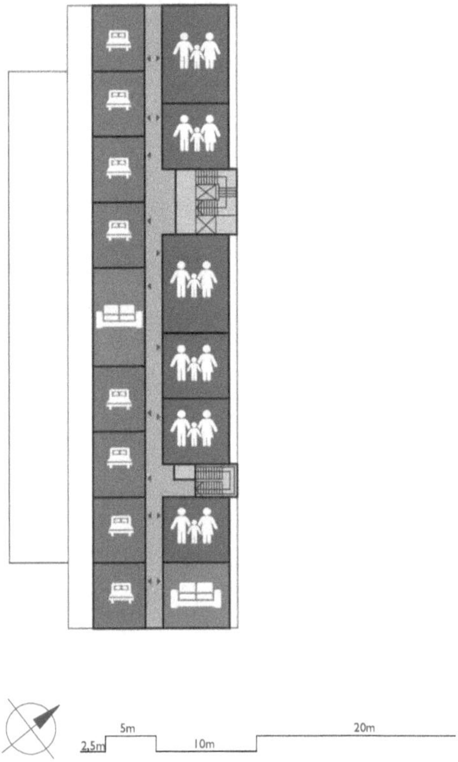

Bruttogrundflächen- und Zimmeranzahl

Die 30 Bungalows finden im Entwurf Platz, daher bleibt ihre BGF unverändert. Sie beläuft sich auf 1.605,84 m².

Die 76 Zimmer verteilen sich in:

- 8 Familienzimmer
- 10 Juniorsuiten
- 58 Doppelbett- und Mehrbettzimmer

Bruttogrundflächenverteilung Hotel:

- Erdgeschoss = 847,64 m²
- 1. Obergeschoss = 1039,06 m²
- 2. Obergeschoss = 1039,06 m²
- Dachgeschoss = 784,47 m²
- **Gesamt = 3.710,23 m²**

Schnitt Variante A

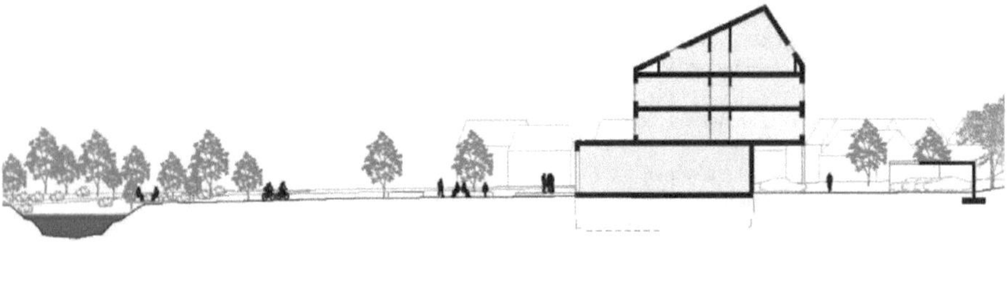

Weg zwischen Bungalows Variante A

Hotelgang Variante A

Kenngrößen Variante A und Variante A auf Basis der Soll-Bebauungsdichte

Da Variante A von der Soll-Bebauungsdichte abweicht, wird hiermit gezeigt was es bedeuten würde, wenn man sich strikt an die Bebauungsdichteverordnung halten würde. Dies wird anhand des Lageplans und der Zahlenwerte veranschaulicht.

Variante A liegt bereits leicht unter der vorgegebenen Bebauungsdichte, daher wird in diesem Fall kein Bungalow weggestrichen, sondern ein Doppelzimmer hinzugefügt.

In der folgenden Tabelle wird ersichtlich, wie sich dieses zusätzliche Zimmer auswirkt.

+ 1 Doppelzimmer 24,1 m²

Kenngrößen Variante A	3-Sterne-Hotel	Bungalows
Zimmer	76	30
Rohertrag [€]	1.290.973,50	285.779,67
Rohertrag Gesamt [€]	1.576.753,17	
Investitionskosten [€]	8.398.000,00	2.088.490,20
Investitionskosten Gesamt [€]	10.486.490,20	
Rohertrag/Investitionskosten	15,04%	
Baulandfläche [m²]	17.842,81	
Bruttogrundfläche [m²]	3.710,23	1.605,84
Bruttogrundfläche Gesamt [m²]	5.316,07	
Bebauungsdichte	**0,298**	

Tab. 47 Kenngrößen Variante A

Vergleicht man die beiden Tabellen, erkennt man, dass sich aufgrund des einen zusätzlichen Zimmers nicht sehr viel verändert hat. Die Bebauungsdichte ist auf dem Sollwert und das Verhältnis von Rohertrag und Investitionskosten hat sich nicht verändert und ist ebenfalls auf dem Sollwert.

Kenngrößen Variante A Soll-Bebauungsdichte	3-Sterne-Hotel	Bungalows
Zimmer	77	30
Rohertrag [€]	1.307.959,99	285.779,67
Rohertrag Gesamt [€]	1.593.739,66	
Investitionskosten [€]	8.508.500,00	2.088.490,20
Investitionskosten Gesamt [€]	10.596.990,20	
Rohertrag/Investitionskosten	15,04%	
Baulandfläche [m²]	17.842,81	
Bruttogrundfläche [m²]	3.734,33	1.605,84
Bruttogrundfläche Gesamt [m²]	5.340,17	
Bebauungsdichte	**0,299**	

Tab. 48 Kenngrößen Variante A Soll-Bebauungsdichte

Variante A mit geänderter Einheitenanzahl

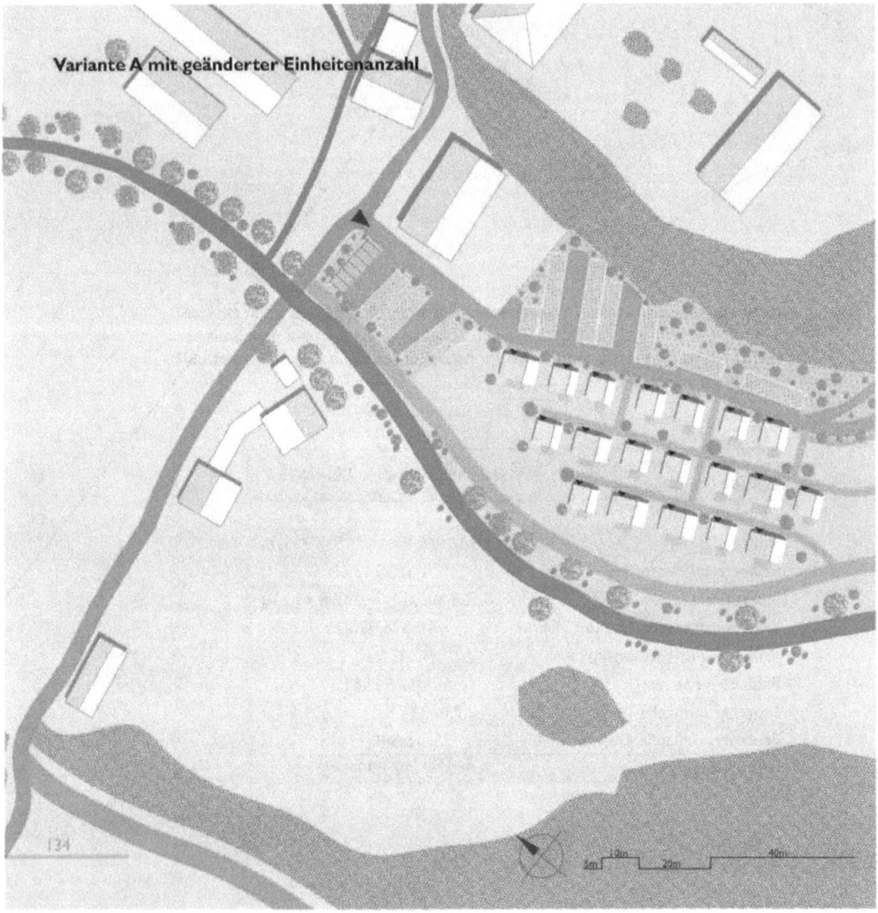

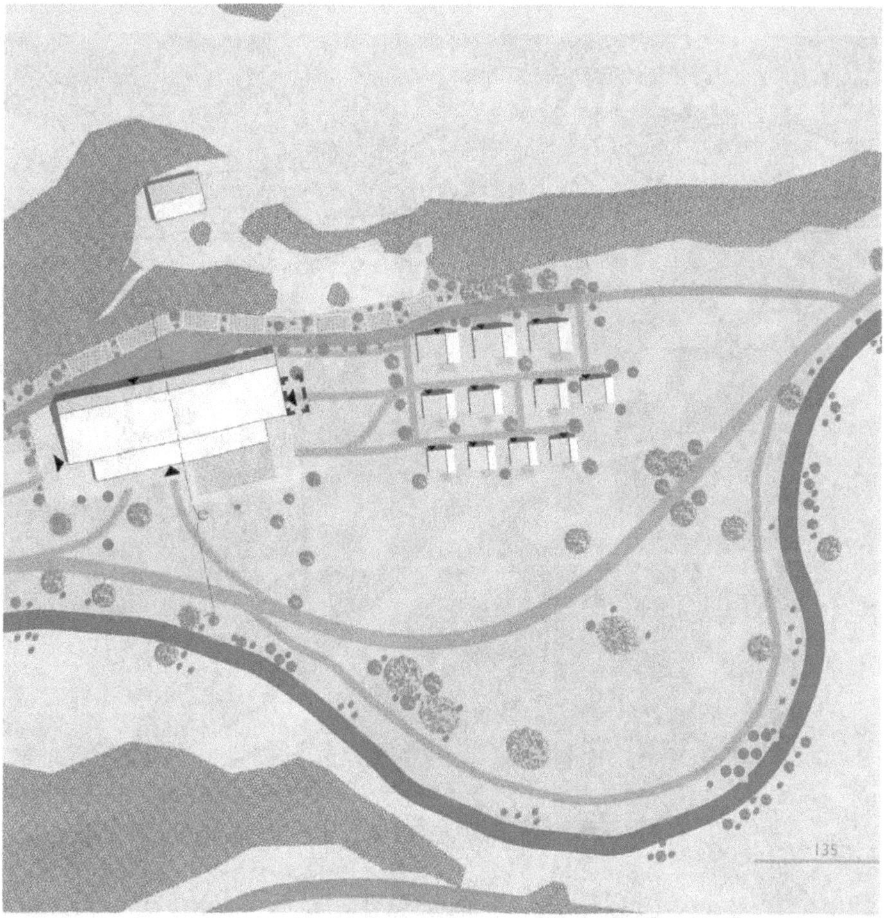
135

9.3 VARIANTE B

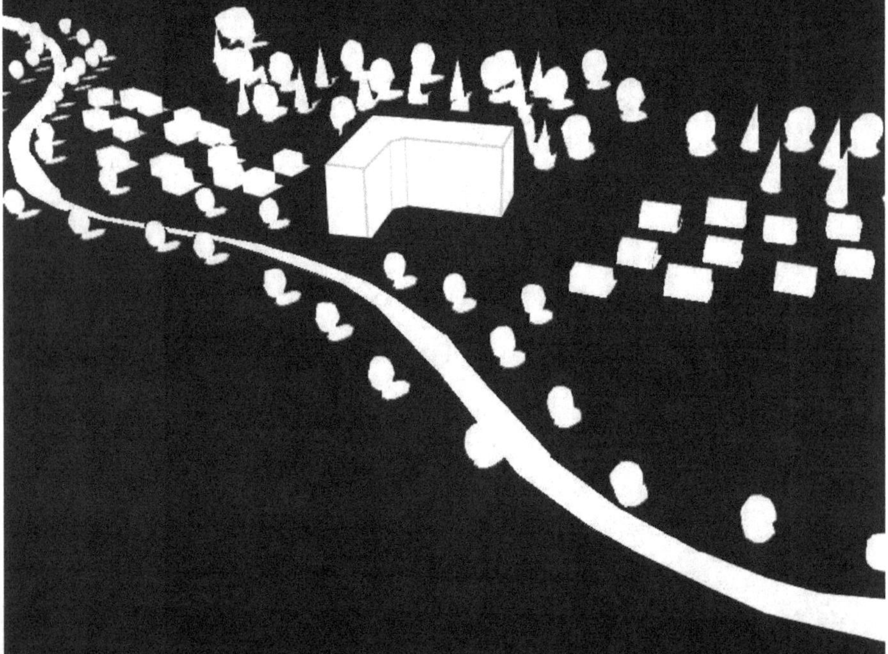

Schwarzplan Variante B

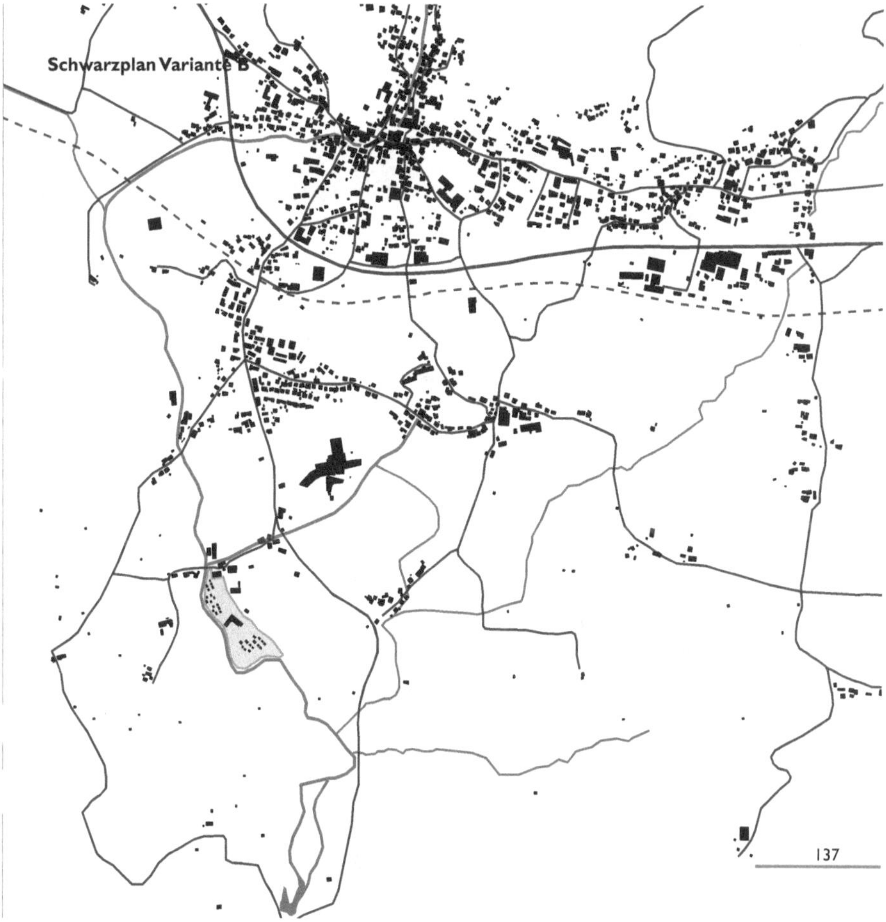

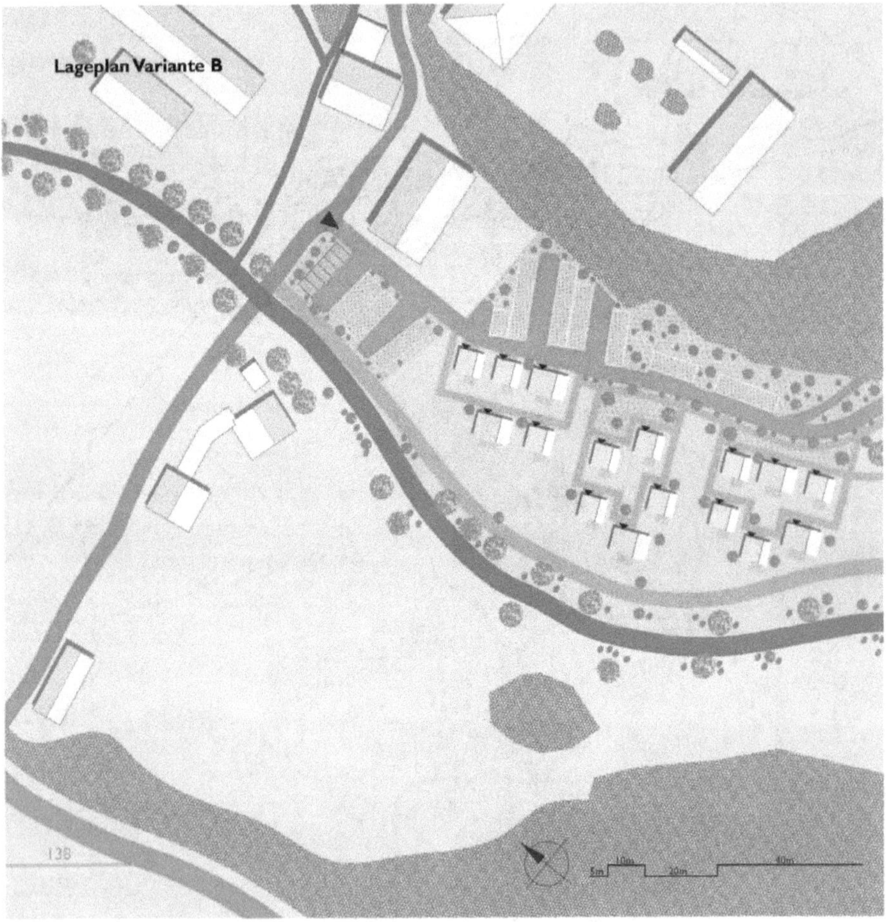
Lageplan Variante B
5m
10m
20m
40m
138

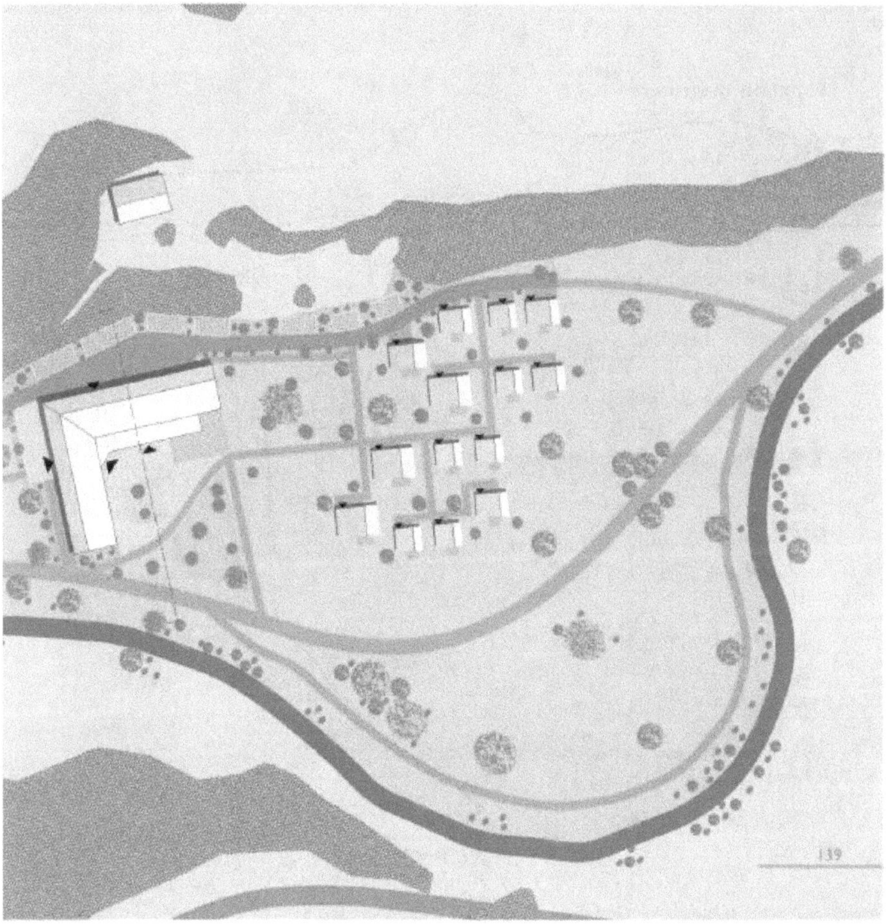

Funktionsdiagramm

190m^2 Lobby

58m^2 Shop für Mountainbike und Ski

42m^2 Administration

14m^2 Rezeption

21m^2 Toiletten Gast

42m^2 Lager mit Kühllager und Anlieferung

42m^2 Küche

9m^2 Bar

36m^2 Abstellraum Ski und Bike

36m^2 / 58m^2 Seminarraum

105m^2 Frühstück und Restaurant

Erdgeschoss

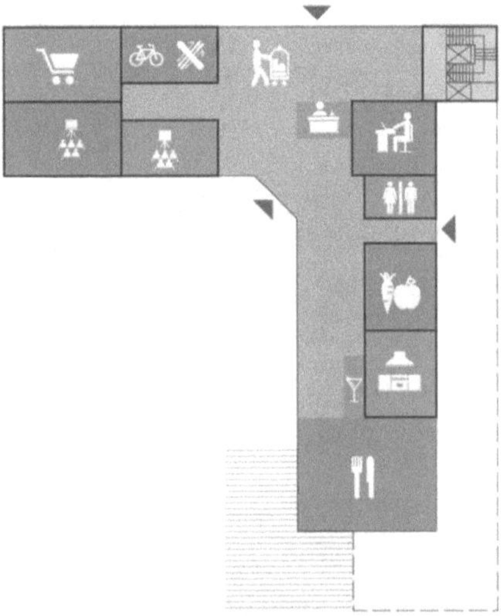

53m² Wellnesbereich

165m² Fitnessbereich

48m² Umkleide mit Toiletten

12m² Serviceraum

60m² Aufenthaltsraum Mitarbeiter mit Toiletten

24m² Doppelzimmer

48m² Familienzimmer

48m² Juniorsuiten

1. Obergeschoss

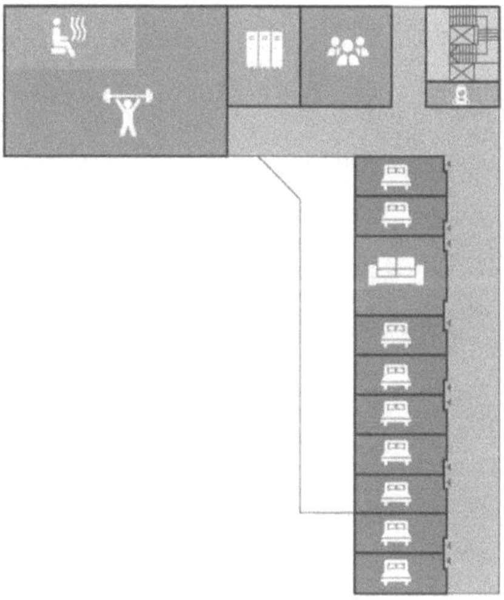

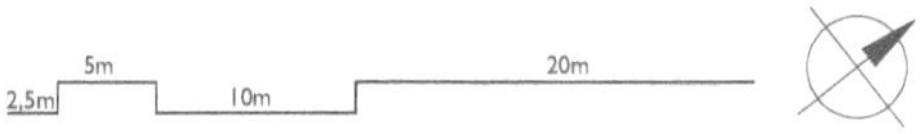

2. bis 4. Obergeschoss

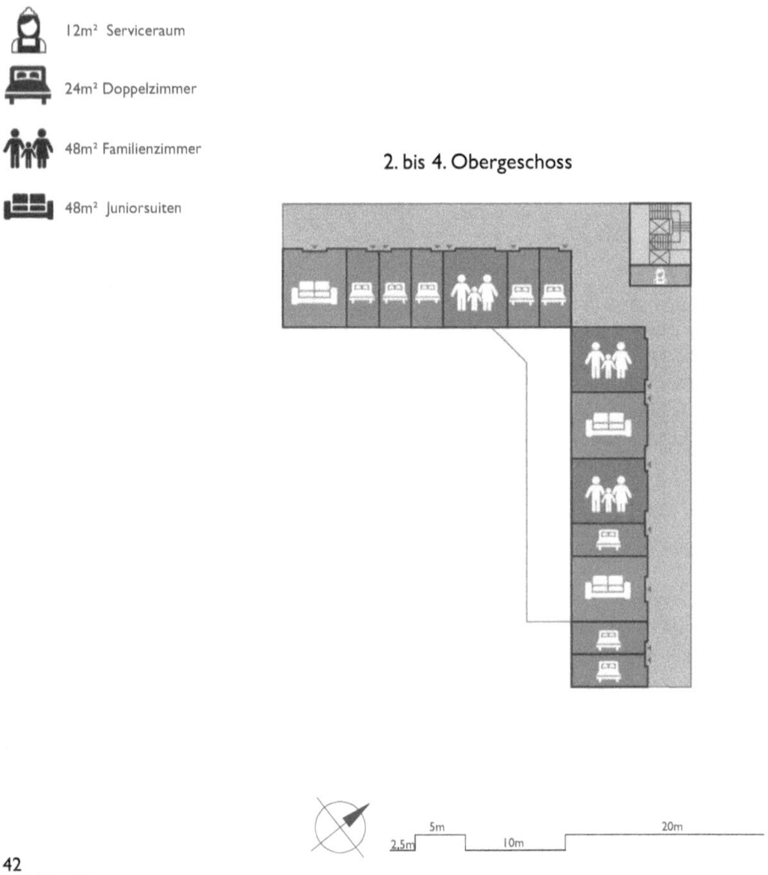

Bruttogrundflächen- und Zimmeranzahl

Die 30 Bungalows finden im Entwurf Platz, daher bleibt ihre BGF unverändert. Sie beläuft sich auf 1.605,84 m^2.

Die 53 Zimmer verteilen sich in:

- 8 Familienzimmer
- 10 Juniorsuiten
- 35 Doppelbett- und Mehrbettzimmer

Bruttogrundflächenverteilung Hotel:

- Erdgeschoss = 794,88 m^2
- 1. Obergeschoss = 909,70 m^2
- 2. Obergeschoss = 909,70 m^2
- 3. Obergeschoss = 909,70 m^2
- Dachgeschoss = 909,70 m^2
- **Gesamt = 4.433,70 m^2**

Schnitt Variante B

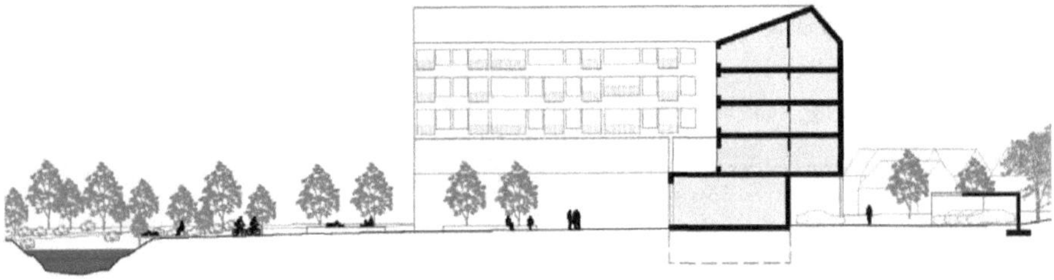

Hotelplatz Variante B

Hotelgang Variante B

Kenngrößen Variante B und Variante B auf Basis der Soll-Bebauungsdichte

Da Variante B von der Soll-Bebauungsdichte abweicht, wird hiermit gezeigt was es bedeuten würde, wenn man sich strikt an die Bebauungsdichteverordnung halten würde. Dies wird anhand des Lageplans und der Zahlenwerte veranschaulicht.
In diesem Fall überschreitet Variante B die Soll-Bebauungsdichte um 686,74 m², daher werden - um auf die Soll-Bebauungsdichte zu kommen - Zimmer und Bungalows gestrichen.

- 8 Doppelzimmer 192,8 m²
- 2 Familienzimmer 96,4 m²
- 1 Juniorsuite 48,2 m²
- **Gesamt Zimmer 337,4 m²**

- 6 Zwei-Personen-Bungalows 262,5 m²
- 1 4+2 Personen-Bungalow 87,5 m²
- **Gesamt Bungalows 350 m²**

Kenngrößen Variante B	3-Sterne-Hotel	Bungalows
Zimmer	53	30
Rohertrag [€]	900.284,15	285.779,67
Rohertrag Gesamt [€]	1.186.063,82	
Investitionskosten [€]	5.856.500,00	2.088.490,20
Investitionskosten Gesamt [€]	7.944.990,20	
Rohertrag/Investitionskosten	14,93%	
Baulandfläche [m²]	17.842,81	
Bruttogrundfläche [m²]	4.433,70	1.605,84
Bruttogrundfläche Gesamt [m²]	6.039,54	
Bebauungsdichte	**0,338**	

Tab. 49 Kenngrößen Variante B

Der Abzug der oben angeführten Einheiten verursacht einen Unterschied zu Variante B in Form des Rohertrag-Investitionsverhältnis von + 0,01%.
Die Abweichung zwischen der Variante B und Variante B auf Soll-Basis ist sehr gering, da sich der Abzug von Bungalows und Zimmern die Waage hält.

Ein Unterschied ist jedoch in den Bereichen des Rohertrages und der Investitionskosten ersichtlich.

Kenngrößen Variante B Soll-Bebauungsdichte	3-Sterne-Hotel	Bungalows
Zimmer	42	23
Rohertrag [€]	713.432,72	219.097,75
Rohertrag Gesamt [€]	932.530,47	
Investitionskosten [€]	4.641.000,00	1.601.175,82
Investitionskosten Gesamt [€]	6.242.175,82	
Rohertrag/Investitionskosten	14,94%	
Baulandfläche [m²]	17.842,81	
Bruttogrundfläche [m²]	4.096,30	1.255,84
Bruttogrundfläche Gesamt [m²]	5.352,14	
Bebauungsdichte	**0,300**	

Tab. 50 Kenngrößen Variante B Soll-Bebauungsdichte

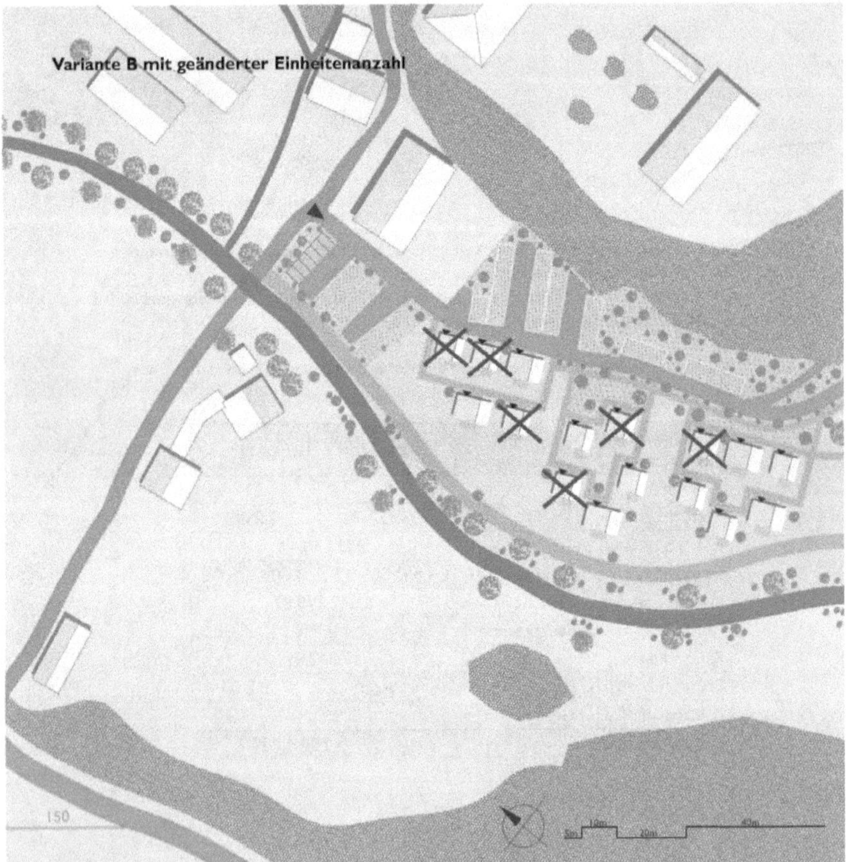
Variante B mit geänderter Einheitenanzahl
5m
10m
20m
40m

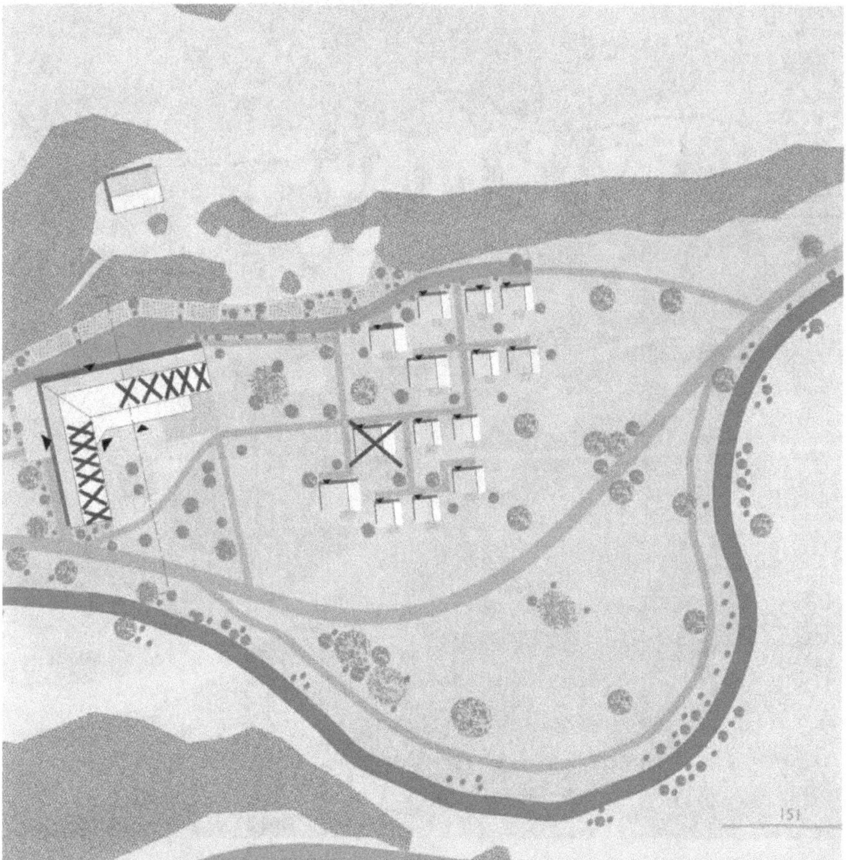
151

9.4 VARIANTE C

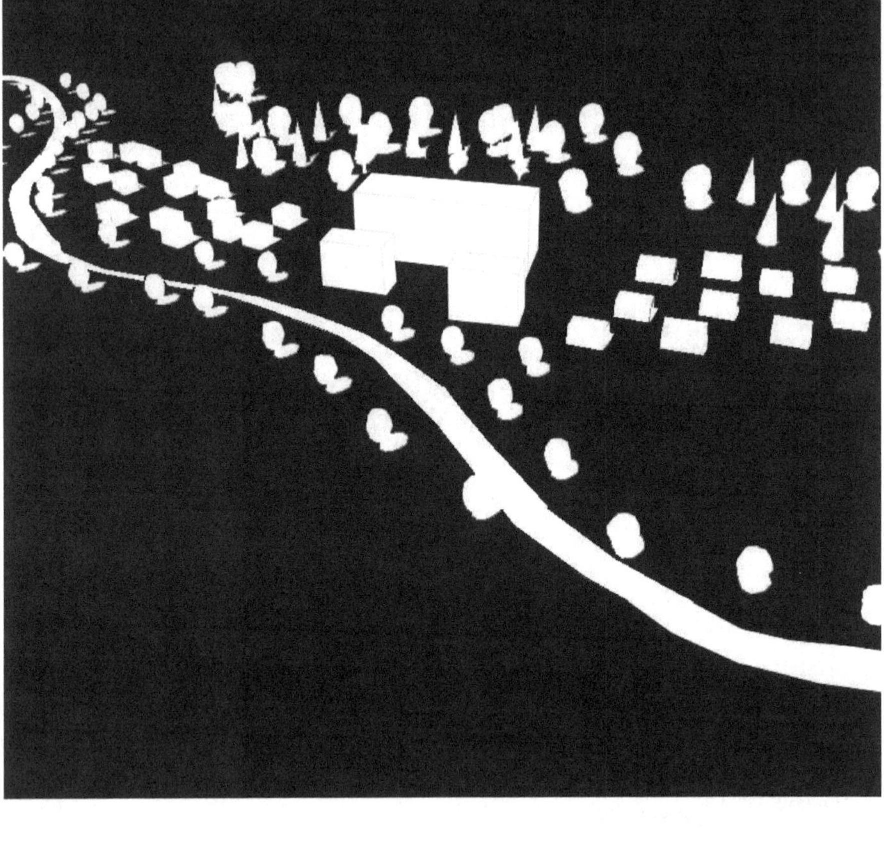

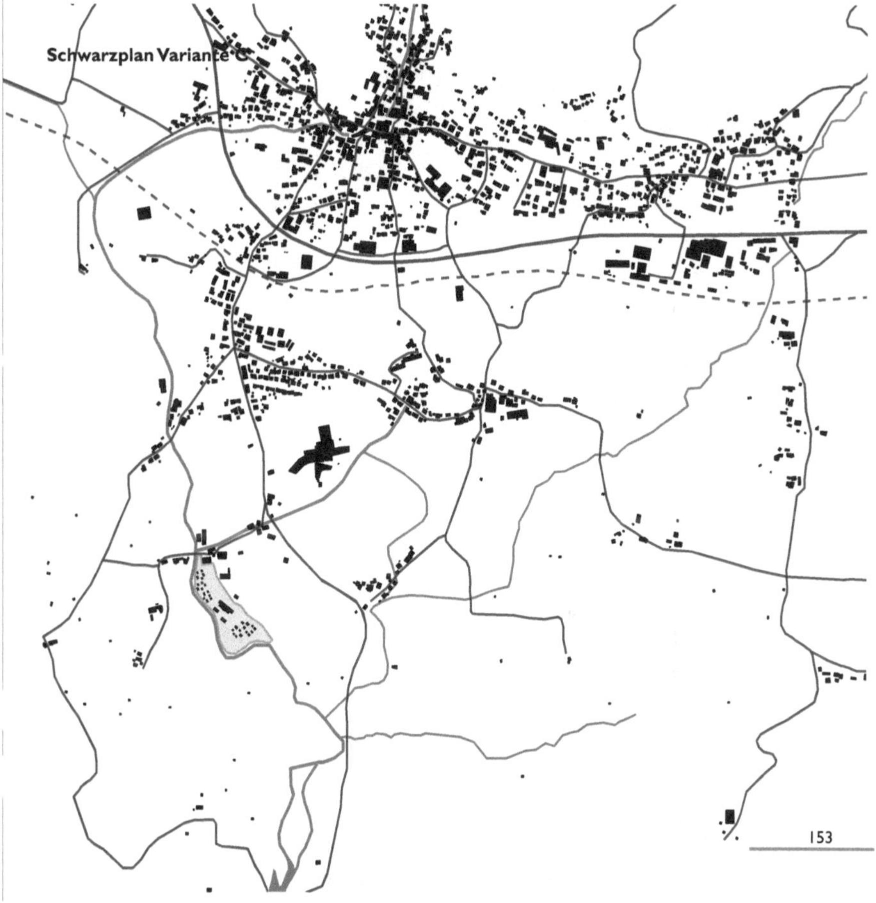
Schwarzplan Variante C

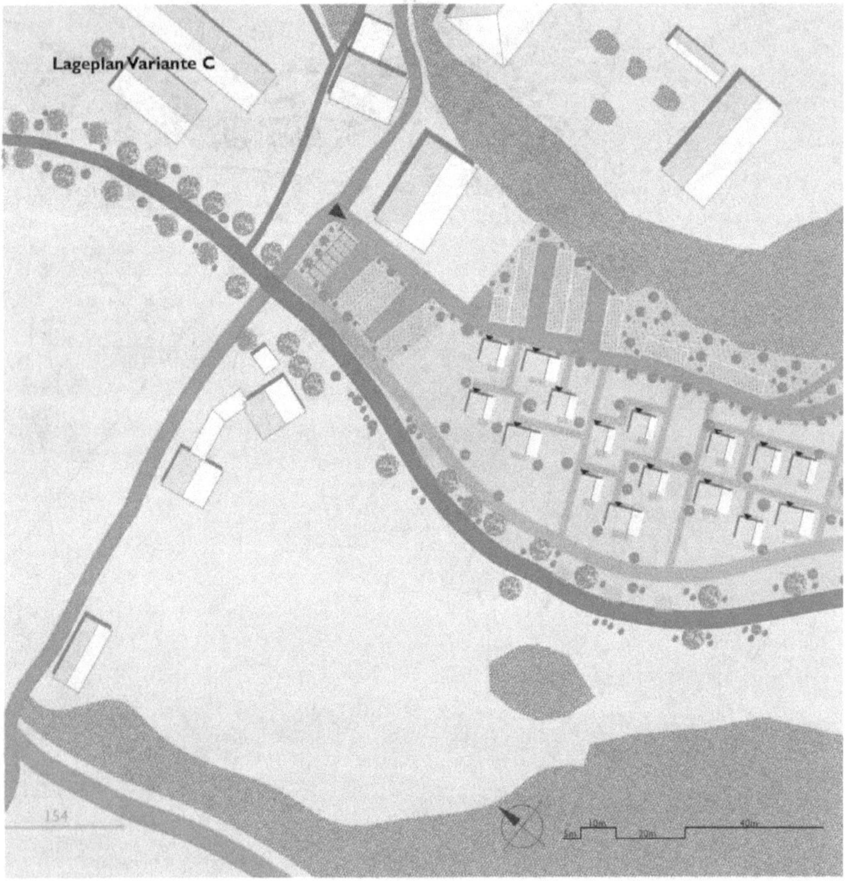
Lageplan Variante C
5m
10m
20m
40m

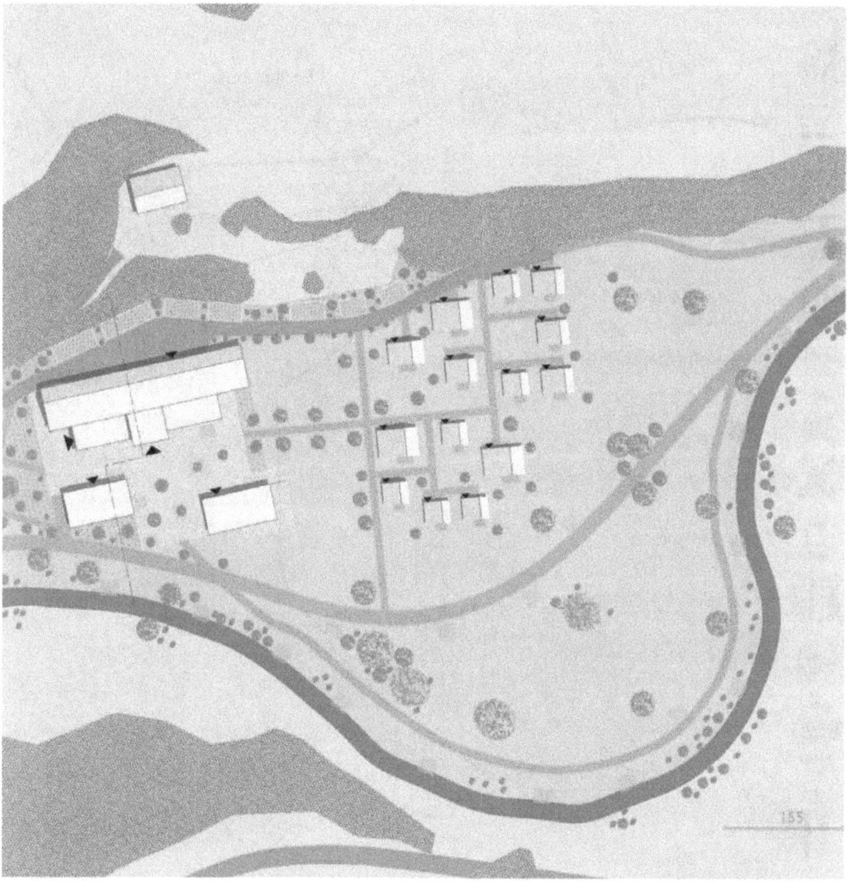
155

Funktionsdiagramm Variante C

230m² Lobby

56m² Shop für Mountainbike und Ski

52m² Administration

10m² Rezeption

26m² Toiletten Gast

48m² Aufenthaltsraum Mitarbeit[illegible]it Toiletten

56m² / 67m² Seminarraum

69m² Abstellraum Ski und Bike

18m² Serviceraum

60m² Umkleide mit Toiletten

50m² Lager mit Kühllager

30m² Küche

9m² Bar

91m² Restaurant

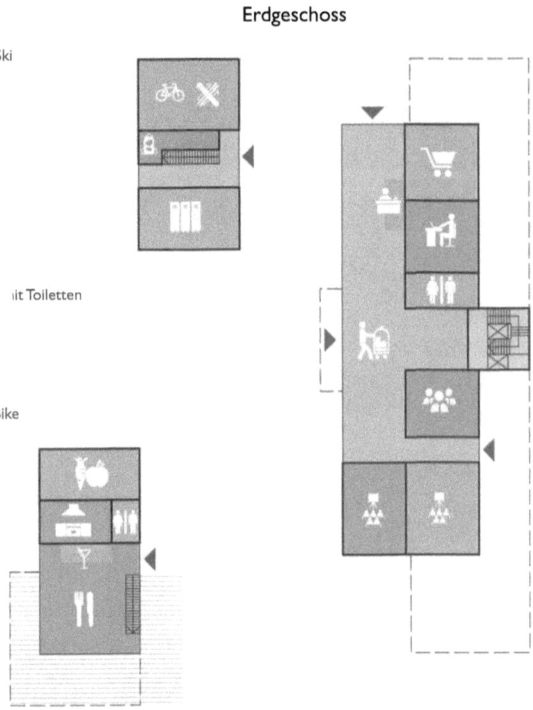

88m² Wellnesbereich

90m² Fitnessbereich

90m² Frühstücksraum in Zimmertrakt

15m² Serviceraum

15m² Küche

24m² Doppelzimmer

48m² Familienzimmer

48m² Juniorsuiten

53m² Aufenthaltsraum

9m² Bar

130m² Restaurant

1. Obergeschoss

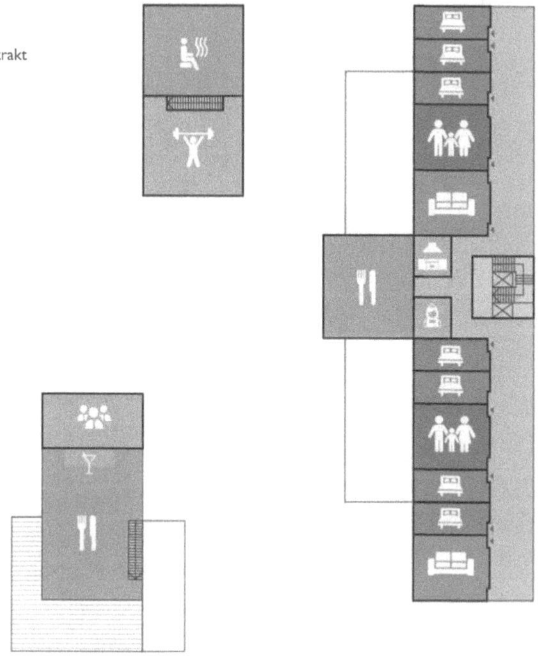

24m² Doppelzimmer

48m² Familienzimmer

48m² Juniorsuiten

2. bis 4. Obergeschoss

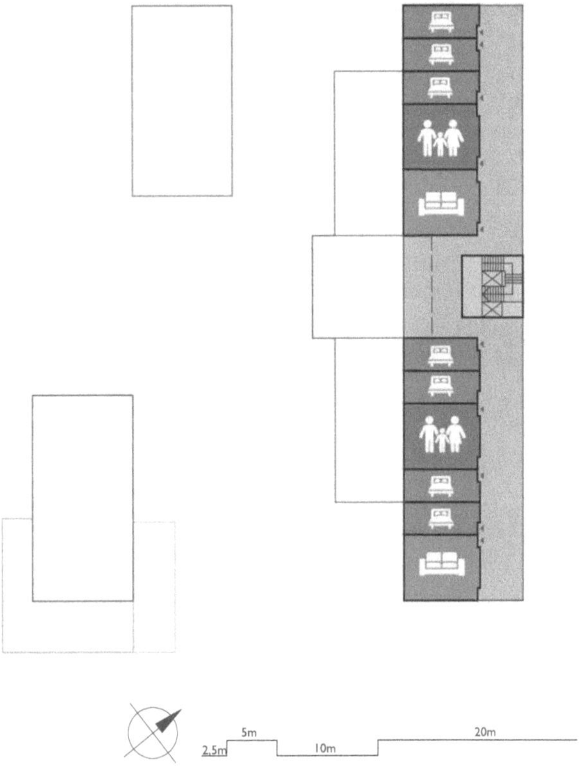

Bruttogrundflächen- und Zimmeranzahl

Die 30 Bungalows finden im Entwurf Platz, daher bleibt ihre BGF unverändert. Sie beläuft sich auf 1.605,84 m².
Die 42 Zimmer verteilen sich in:

- 8 Familienzimmer
- 10 Juniorsuiten
- 24 Doppelbett- und Mehrbettzimmer

Bruttogrundflächenverteilung Hotel:

- Erdgeschoss = 993,26 m²
- 1. Obergeschoss = 1.169,26 m²
- 2. Obergeschoss = 694,30 m²
- 3. Obergeschoss = 694,30 m²
- Dachgeschoss = 694,30 m²
- **Gesamt = 4.185,42 m²**

Schnitt Variante C

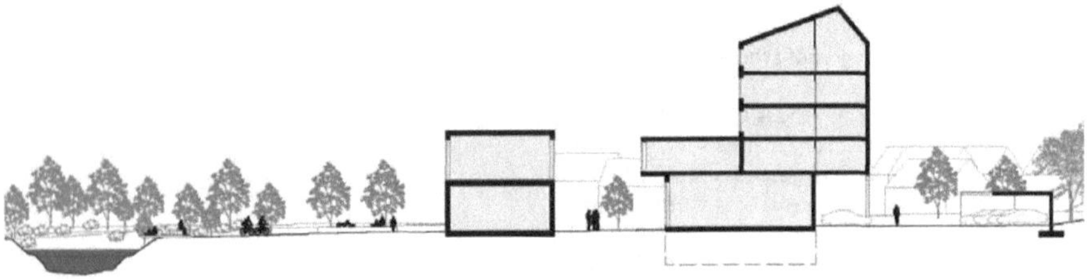

Weg zwischen Bungalows Variante C

Hotelplatz Variante C

Kenngrößen Variante C und Variante C auf Basis der Soll-Bebauungsdichte

Da Variante C von der Soll-Bebauungsdichte abweicht, wird hiermit gezeigt was es bedeuten würde, wenn man sich strikt an die Bebauungsdichteverordnung hält. Dies wird anhand des Lageplans und der Zahlenwerte veranschaulicht.

In diesem Fall überschreitet Variante C die Soll-Bebauungsdichte um 438,46 m^2, daher werden - um auf die Soll-Bebauungsdichte zu kommen - Zimmer und Bungalows gestrichen.

- 5 Doppelzimmer 120,5 m^2
- 1 Familienzimmer 48,2 m^2
- 1 Juniorsuite 48,2 m^2
- ***Gesamt Zimmer 216,9 m²***

- 5 Zwei-Personen-Bungalows 239 m^2
- **Gesamt Bungalows 239 m²**

Kenngrößen Variante C	3-Sterne-Hotel	Bungalows
Zimmer	42	30
Rohertrag [€]	713.432,72	285.779,67
Rohertrag Gesamt [€]	999.212,39	
Investitionskosten [€]	4.641.000,00	2.088.490,20
Investitionskosten Gesamt [€]	6.729.490,20	
Rohertrag/Investitionskosten	14,85%	
Baulandfläche [m²]	17.842,81	
Bruttogrundfläche [m²]	4.185,42	1.605,84
Bruttogrundfläche Gesamt [m²]	5.791,26	
Bebauungsdichte	**0,325**	

Tab. 51 Kenngrößen Variante C

Durch den Abzug der Einheiten bleibt das Rohertrag-Investitionsverhältnis exakt gleich. Wie in den anderen Varianten ist in den Bereichen Rohertrag und Investitionskosten eine Änderung zu vermerken.

Kenngrößen Variante C Soll-Bebauungsdichte	3-Sterne-Hotel	Bungalows
Zimmer	35	25
Rohertrag [€]	594.527,27	238.149,73
Rohertrag Gesamt [€]	832.676,99	
Investitionskosten [€]	3.867.500,00	1.740.408,50
Investitionskosten Gesamt [€]	5.607.908,50	
Rohertrag/Investitionskosten	14,85%	
Baulandfläche [m²]	17.842,81	
Bruttogrundfläche [m²]	3.968,52	1.386,84
Bruttogrundfläche Gesamt [m²]	5.355,36	
Bebauungsdichte	**0,300**	

Tab. 52 Kenngrößen Variante C Soll-Bebauungsdichte

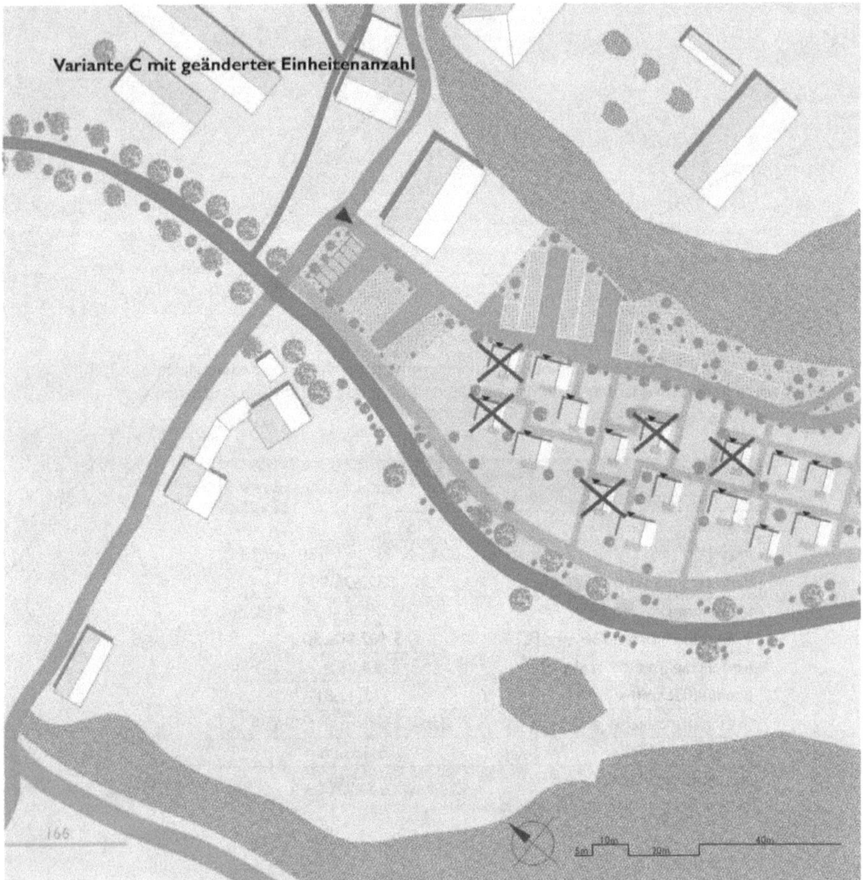
Variante C mit geänderter Einheitenanzahl
5m
10m
20m
40m

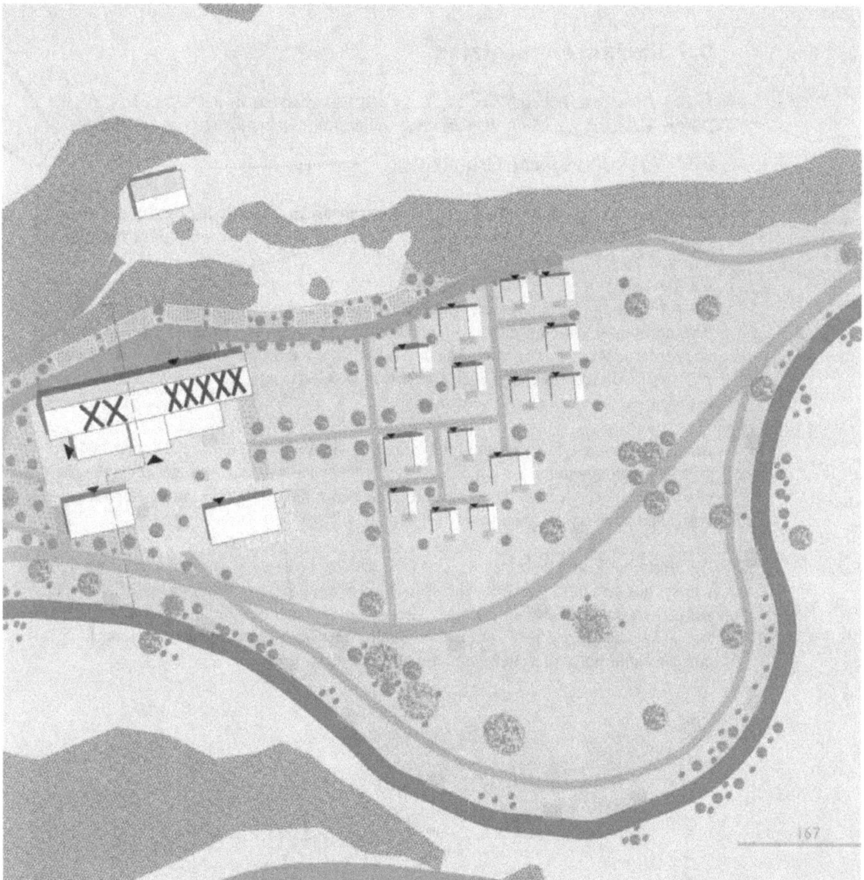

9.5 Variantenvergleich

In den folgenden Punkten werden die Encwurfsvarianten in einen Vergleich gesetzt. Dies soil die Unterschiede derVarianten auf gestalterischer Ebene veranschaulichen.

9.5.1 Anordnung am Grundstuck

Als erster Punkt wird die Situierung der Baukorper am Grundsti.ick behandelt. Hierbei werden ErschlieBung und Aufteilung der Bungalows und des Hotelkorpers behandelt.

VarianteA:

Die Anordnung der Bungalows unterscheidet sich in Variance A und C maBgebend. In Variance A sind die Bungalows geradlinig auf einer Achse angeordnet, was eine kurze und einfache Wegfi.ihrung zur Falge hat. Diese kompakte Anordnung fuhrt zu unkomplizierten Leitungsfi.ihrungen und erleichtert die Versorgung der einzelnen Bungalows, was den wirtschaftlichenAspekt unterstutzt.

Diese genannten Punkte haben jedoch Einfluss auf das raumliche Erscheinungsbild. Die geradlinig aneinandergereihten Bungalows erzeugen eine lange und eintonige Wegfi.ihrung, welche dem Nutzer keineAbwechslung bietet. Es entsteht in langer Korridor, der kein Ende zu nehmen scheint.

Der Hotelbaukoper selbst ist wie das Grundsti.ick in die Lange gezogen und nach Si.idwesten ausgerichtet. Der Platz vor dem Hotel nimmt keineVerbindung zum Baukorper auf und ist somit kein verbindendes Element zwischen dem nordlichen und si.idlichen Bungalowfeld. Durch den kompakten Baukorper wird jedoch Bruttogrundflache gespart, welche noch in weitere Zimmer investiert wird.

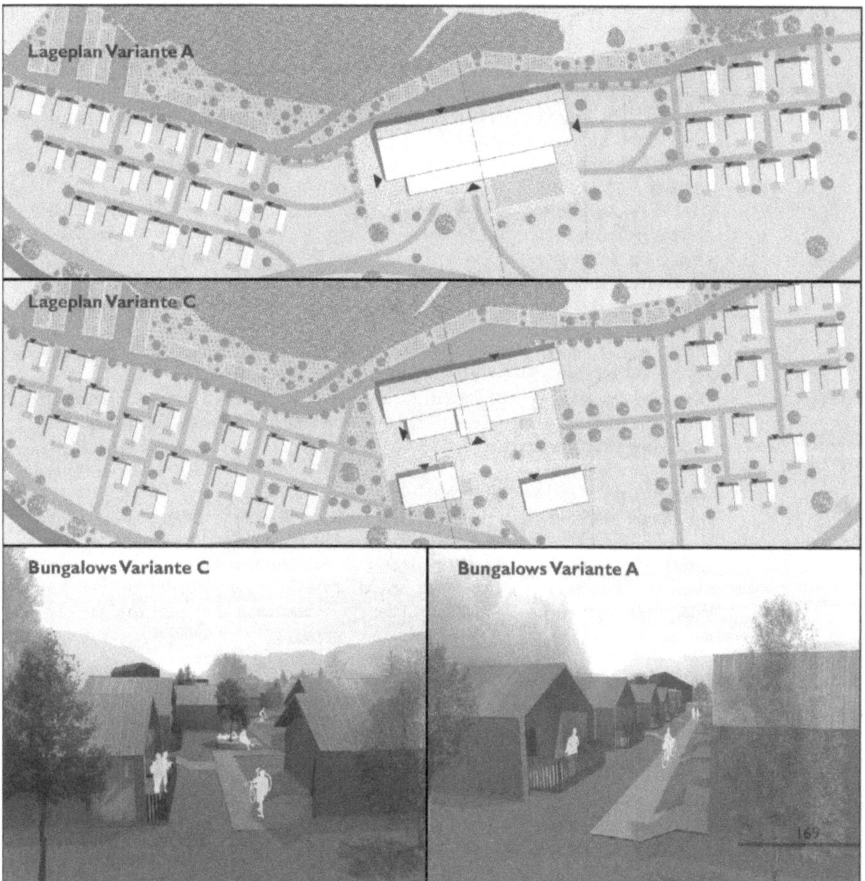
Lageplan Variante A
Lageplan Variante C
Bungalows Variante C
Bungalows Variante A

Variante C:

In Variante C werden die Bungalows auf Achsen versetzt angeordnet und folgen nicht nur einer Achse wie in Yariante A. Diese Positionierung der Baukorper ergibt einzelne Gruppen. Jede Gruppe hat einen eigenen halboffentlichen Bereich, welcher sich **zwi**-schen den Bungalows aufspannt.

Durch das Versetzen der Bungalows ergeben sich spannende Blickbeziehungen **zwi**-schen dem Raum inmitten der Bungalows und der Umgebung.

Dach dieserVersatz hat den Nebeneffekt, dass sich eine kompliziertere und weitlaufigere Wegfiihrung ergibt, welche wiederum langere und kompliziertere Versorgungswege verursacht.

In Variante C teilt sich das Hotel in drei unterschiedliche Baukorper auf, ein groBer Zimmertrakt und zwei weitere Gebaude mit Fitness- und Wellnessbereich sowie einem Restaurantgebaude.

Diese unterschiedlichen Volumen schaffen einen Obergang zwischen den kleinteiligen Bungalows und dem groBem Zimmertrakt.

Durch die drei Baukorper ergibt sich ein anderes Platzgefiige, welches eine Beziehung zum Hotelgebaude schafft, aber die raumliche Verbindung zwischen Nord- und Sudbungalows nicht unterbindet.

Variante B:

Die Bungalowanordnung in Yariante B unterscheidet sich nicht maBgebend zu der in Variant C. Jedoch besitzt der Hotelbaukorper ein vollig anderes Erscheinungsbild. Die L-Form des Gebaudes umfasst den Hotelplatz und bietet weiteres Potential in der Platznutzung, da er im Norden gefasst ist und sich in Richtung Siiden 6ffnet.

Jedoch schafft der Gebaudeschenkel auf der Ost-WestAchse eine raumliche Trennung des Grundstiicks.

Lageplan Variante C
Lageplan Variante B
Hotelplatz Variante C
Hotelplatz Variante B
171

9.5.2 Funktionen und räumliche Qualitäten

Unter diesem Punkt werden die Funktionen und räumlichen Qualitäten der Entwurfsvarianten aufgezeigt und miteinander in Vergleich gesetzt.

Variante A:
In Variante A finden wir einen Grundriss mit überschaubarem Nutzungsangebot - es wird sich auf die Basics eines Hotels konzentriert und bietet nur wenig Extras.

Dies liegt an dem Willen die Bruttogrundfläche so gering wie möglich zu halten und die Vorgabe der Behörde nicht zu überschreiten. Darum wird auf Wellness- oder Fitnessbereiche verzichtet, jedoch wird versucht auch noch im beeinträchtigten Dachgeschoss Zimmer unterzubringen, um den Ertrag zu erhöhen.
Eine weitere Maßnahme, um die Zimmeranzahl über den Sollwert zu erhöhen, ist die Wahl einer zweihüftigen Erschließung, welche das Zimmer- zu Gangflächenverhältnis optimal ausnutzt. Jedoch ergeben sich aus dieser Erschließungsform benachteiligte Zimmerausrichtungen, welche in Richtung Nordosten blicken.

Variante B:
Variante B bietet zu den herkömmlichen Hotelfunktionen noch einen Fitness- und Wellnessbereich - dieser ist im ersten Obergeschoss situiert und bietet durch üppige Glasflächen einen herrlichen Ausblick während des Trainings.
Trotz der zentralen, vertikalen Erschließung im Norden des Gebäudes, ergeben sich erhöhte Gangflächen und durch die einhüftige Erschließung der Zimmer wird auch hier Bruttogrundfläche vereinnahmt.
Jedoch wird dadurch eine reine Süd- und Westausrichtung gewährleistet. Entlang der lichtdurchfluteten Zimmergänge befinden sich ruhige Aufenthaltsbereiche, diese können von den Besuchern individuell genutzt werden.

Variante C:

Ebenfalls wie Variante B bietet Variante C das gleiche Funktionsangebot, aufgrund der Baukörperanordnung in anderer Aufteilung.

Das nördliche Gebäude beinhaltet den Fitness- und Wellnessbereich im ersten Obergeschoss mit Blick Richtung Süden. Der südliche zweigeschossige Baukörper bietet Platz für ein Restaurant über zwei Ebenen. Beide Restaurantgeschoße verfügen über eine herrliche Südwestausrichtung mit Terrasse.

Im ersten Geschoss des Hoteltraktes befindet sich neben den Zimmern ein großzügiger Frühstücksraum mit Aussicht ins Grimming Gebirge.

Mit den Gangflächen verhält es sich wie in Variante B. Sie sind breiter gestaltet und bieten Raum für die Individuelle Nutzung der Gäste als Aufenthalts-, Warte oder Kommunikationsbereich.

Variante A

Erdgeschoss

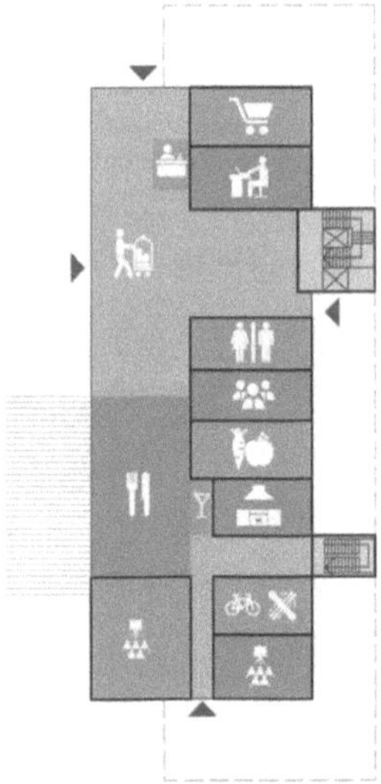

1. Obergeschoss

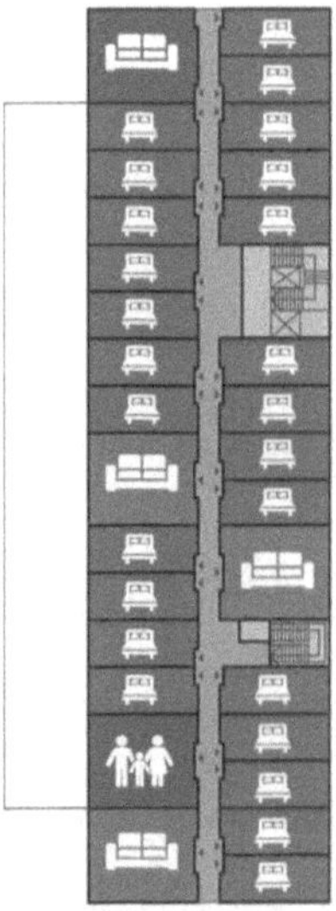

Variante C

Erdgeschoss

1. Obergeschoss

Fazit des Kapitels

„Räumliche Qualität benötigt Fläche und Fläche verursacht Kosten"
Dies ist grob gesagt die Kernaussage des Kapitels. Jedoch ist es sehr schwierig räumliche Qualität oder Gestaltung allein in Zahlen auszudrücken. Trotzdem sind es wichtige Faktoren, welche das entstandene Gebäude zu dem machen was es ist.

Anhand dieses Kapitels wird ersichtlich, dass nicht immer die wirtschaftlichste Variante die „beste" sein muss. Wie man in Variante A sieht, ist sie der Aussage der Zahlenwerte nach die effizienteste, doch betrachtet man nicht nur die Tabellen sondern auch das Funktionsprogramm und die räumlichen Qualitäten, so gibt sich schnell das wahre Gesicht dieser Variante zu erkennen. Um die Bruttogrundfläche nicht zu überschreiten wurde ein sehr kompakter Baukörper mit wenigen Geschossen gewählt. Auch das Funktionsprogramm wurde reduziert.
Da sich in unmittelbarer Nähe die Grimming Therme befindet, hat man auf jeglichen Luxus in Form eines Wellness- oder Fitnessbereiches verzichtet. Um das Verhältnis Gangfläche zu Zimmerfläche zu optimieren wurden zweihüftige Erschließungsgänge angeordnet. Dies hat zur Folge, dass man eine nachteiligere Ausrichtung der Zimmer in Richtung Nordosten in Kauf nimmt.
Ein weiterer Nachteil, welcher sich aus diesem Erschließungssystem ergibt, sind die teilweise dunklen Mittelgänge.

Anders verhält es sich in den Varianten B und C: Sie sind wirtschaftlich gesehen nicht im Bereich der Idealwerte und überschreiten auch die Bebauungsdichte. Jedoch lassen sich anhand der Grafiken und Stimmungsbilder Qualitäten erkennen, welche nicht mit Zahlen quantifizierbar sind.
In Variante C beispielsweise werden die Bungalows aufgrund ihrer Anordnung als interessanter empfunden als in der geradlinigen Positionierung wie in Variante A.

Ebenfalls wird durch das Anheben der öffentlichen Räumlichkeiten wie Fitnessbereich, Frühstücksraum oder Restaurant in das erste Obergeschoss eine bessere Fernsicht ermöglicht. In Variante A kommen nur Gäste des Hotels in diesen Genuss und Bungalowbesucher bleiben, sofern sie nicht die umliegenden Berge besteigen, in einer Ebene hängen.

Durch den breiten Erschließungsgang zur Erreichung der Hotelzimmer in Variante B und C wird zwar viel Bruttogrundfläche verbraucht, jedoch finden die Gäste in diesen Varianten einen hellen individuell nutzbaren Bereich, welcher mit Sitzgelegenheiten und Nischen ausgestattet ist, vor.

10 Fazit

10 Fazit

Diese Arbeit zeigt, welche Schritte für eine Projektentwicklung nötig sind. Angefangen vom großen Maßstab - wobei überregionale Faktoren und Einzugsgebiete beschrieben werden - über regionale und örtliche Ebenen, wo Infrastruktur der Region eine Rolle spielt, bis hin zur Projektliegenschaft, welche oftmals einem bunten Überraschungspaket gleicht bevor man sich mit den dazugehörigen Flächenwidmungsplänen auseinandergesetzt hat.

Der Weg eines Projektes wird von zahlreichen Analysen, Studien und Untersuchungen begleitet, aber auch geebnet. Sei es die Konkurrenz, Geländesituationen, Altlasten verborgen im Erdreich des Grundstücks, Umgebungsszenarien, Behörden oder einfach nur der Nachbar - dies sind alles Faktoren, welche ebenfalls in das Projekt einfließen müssen.

Des Weiteren ist auch die Wirtschaftlichkeit nicht zu vernachlässigen. Sie entscheidet oftmals, ob ein Projekt in naher Zukunft den ersten Schatten auf den Baugrund wirft oder aber im Archiv als Projektstudie verstaubt. Die Reichweite der Wirtschaftlichkeit ist groß und umfasst die gesamte Projektentwicklung.

Doch ist in selber Hierarchieebene die Gestaltung des Projektes zu nennen, sie ist das Aushängeschild, der Eyecatcher, die Visitenkarte der Projektentwicklung.

Gestaltung und Wirtschaftlichkeit ist jedoch keinesfalls strikt zu trennen. Es sollte keiner der beiden Faktoren überwiegen, keiner sollte den anderen ausstechen. Gestaltung und Wirtschaftlichkeit müssen ineinander greifen, sich unterstützen und in den Punkten zurücktreten, wo es nötig ist.

Jedoch darf man unter dem Begriff Wirtschaftlichkeit nicht verstehen, dass billig gut ist. Sie beschreibt das beste Kosten-Nutzenverhältnis. In dieses Verhältnis können auch Faktoren einfließen, welche nicht mit Zahlen zu benennen sind. Beispielsweise Stimmung, Atmosphäre und räumliche Qualitäten. Diese Punkte fallen in den Aufgabenbereich der Architektur: Sie gestaltet und schafft Orte, welche den Besucher zum Verweilen einlädt und zum Wiederkommen animiert.

Daher dürfen Architektur und Wirtschaftlichkeit nicht als getrennte Disziplinen gesehen werden und das eine darf das andere nicht einschränken.

Diese Arbeit soll zeigen, welche Auswirkungen die Architektur auf die Wirtschaftlichkeit hat und umgekehrt. Damit der Blick für einen gemeinsamen Weg geschärft wird.

11 Verzeichnisse

11 Verzeichnisse

11.1 Literaturverzeichnis

Bücher:

Alda, Willi/Hirscher, Joachim: Projektentwicklung in der Immobilienwirtschaft. Grundlagen für die Praxis, Stuttgart [5]2014

Brauer, Kerry-U(Hg.): Grundlagen der Immobilienwirtschaft. Recht – Steuern – Marketing - Finanzierung - Bestandsmanagement – Projektentwicklung, Leipzig [9]2017

BKI Baukosteninformationszentrum (Hg.): Baukosten Gebäude. Statistische Kostenkennwerte (Teil 1), Stuttgart 2014

Keck, Herbert(Hg.): Skriptum Hotelplanung., Wien 2007

Lechner, Hans(Hg.): Projektmanagement in der Bau – und Immobilienwirtschaft. Projektentwicklung 1, Graz 2010

Neufert, Ernst: Bauentwurfslehre., o.O. 1992

Ennemoser Wirtschaftsberatung GmbH: Richtwerte Investitionen, Innsbruck 2017

Unterlagen von Gemeinden:

Amt der Steiermärkischen Landesregierung Abteilung 16 – Landes- und Gemeindeentwicklung: Regionsprofil Steirischer Zentralraum, Wien 2011

Regionalmanagement Bezirk Liezen GmbH: Regionales Entwicklungsleitbild, Liezen 2014

Landesstatistik Steiermark: Jährlich Erhobene Daten, Graz 2018

TVB Ausseerland – Salzkammergut: Gemeinde Bad Mitterndorf, Bad Aussee 2017

Gesetze und Verordnungen:

Steiermärkische Bebauungsdichteverordnung: Stammfassung von 1993, Novelle von 2011, Graz 2011

Steiermärkisches Raumordnungsgesetz – StROG: Stammfassung von 1999, Novelle von 2010, Graz 2010

Internetquellen:

AMS Arbeitsmarktservice Österreich: Arbeitsmarktprofil 2017, http://www.arbeitsmarktprofile.at/618/teil_02.html., in: http://www.arbeitsmarktprofile.at/618/ [25.04.2018]

Bevölkerung: Gemeinde Bad Mitterndorf Bevölkerung, http://bevoelkerung.at/gemeinde/bad-mitterndorf, in: http://bevoelkerung.at/gemeinde/ [15.03.2018]

Gemeinde Bad Aussee: Chronik, https://www.badaussee.at/chronik, in: https://www.badaussee.at/wissenswertes [12.04.2018]

Gemeinde Bad Mitterndorf (2006): Geschichte, http://gemeinde.bad-mitterndorf.at/index.php?id=694&L=0Eduard%22, in: http://gemeinde.bad-mitterndorf.at/ [21.03.2018]

IMMOunited GmbH: Liezen, https://www.bodenpreise.at/Home/List, in: https://www.bodenpreise.at/Home/ [19.07.2018]

Landesentwicklung Steiermark: Digitaler Atlas Steiermark, http://www.landesentwicklung.steiermark.at/cms/beitrag/12652192/141979637/ [20.06.2018]

Immowelt AG: Bad Mitterndorf Grundstückspreise, https://www.immowelt.de/immobilienpreise/bad-mitterndorf/grundstueckspreise, in: https://www.immowelt.de/immobilienpreise/bad-mitterndorf [12.06.2018]

Österreichische Bundesbahnen: Scotty – der Routenplaner für Öffis, http://fahrplan.oebb.at/bin/query.exe/dn?ld=19&seqnr=1&ident=-jn.011714180.1523519228&REQ0HafasScrollDir=2., in: http://fahrplan.oebb.at/bin/query.exe/ [12.04.2018]

PROMIDIS: Handlungsleitfaden. Instrumente Nutzwertanalyse, o.O 2015, Online unter: https://www.inf.uni-hamburg.de/de/inst/ab/itmc/research/completed/promidis/instrumente/nutzwertanalyse [29.11.2018]

Stadtgemeinde Liezen: Firmen A-Z, https://www.liezen.at/de/service-und-info/verzeichnisse/firmen-a-z, in: https://www.liezen.at/de/service-und-info/verzeichnisse [12.04.2018]

11.2 Tabellenverzeichnis

11.3 Abbildungsverzeichnis

Tabellen welche nicht direkt mit einer Quelle versehen sind, beziehen sich auf Daten welche ebenfalls in der Arbeit entwickelt wurden.

Alle Grafiken und Pläne welche nicht direkt im Abbildungsverzeichnis erscheinen, wurden vom Verfasser der Arbeit erstellt und sind geistiges Eigentum von: Bastian Lauchart

Die grafischen und planlichen Ausarbeitungen stammen aus eigener Produktion. Sie basieren auf Grundlagen des Digitalen Atlas Steiermark. (http://www.landesentwicklung.steiermark.at)

Dankeschön

In erster Linie möchte ich mich bei meinem Betreuer Ass.Prof. Dipl.-Ing. Dr.techn. Wolfgang Dokonal für die Unterstützung, in der von mir gewählten Thematik, bedanken. Ebenfalls haben Sie mir sehr geholfen meine Arbeit aus anderen, oftmals kritischeren, Blickwinkeln zu sehen.

Auch bedanken möchte ich mich bei Dipl.-Ing. Dipl.-Ing. Edwin Harrer, der mir bei den wirtschaftlichen Analysen mit Rat und Tat zur Seite stand.

Ein besonderer Dank gebührt meinen Eltern, da sie mir meine Ausbildung und akademischen Werdegang erst ermöglicht haben und in jeder Lebenslage hinter mir stehen. In diesem Zuge möchte ich mich auch bei meiner Schwester bedanken, an die ich mich jederzeit wenden konnte.

Abschließend möchte ich mich noch bei meiner Partnerin bedanken. Die mich speziell in der finalen Phase meines Studiums extrem unterstützt hat und auch in stressigen Zeiten Geduld mit mir hatte.

FSC
www.fsc.org
MIX
Papier | Fördert gute Waldnutzung
FSC® C083411

Kolibri 360 GmbH
Ferdinand-Jühlke-Straße 7
99095 Erfurt, Deutschland
produktsicherheit@kolibri360.de

Druck:
CPI Druckdienstleistungen GmbH
im Auftrag der
Kolibri 360 GmbH
Ferdinand-Jühlke-Str. 7
99095 Erfurt